精益管理

实操笔记

鲁 朗◎著

中国铁道出版社有限公司
CHINA RAILWAY PUBLISHING HOUSE CO., LTD.

图书在版编目（CIP）数据

精益管理实操笔记 / 鲁朗著 .— 北京：中国铁道出版社有限公司，2024.7
ISBN 978-7-113-30886-5

Ⅰ.①精… Ⅱ.①鲁… Ⅲ.①企业管理 Ⅳ.① F272

中国国家版本馆 CIP 数据核字（2024）第 108850 号

书　　名：**精益管理实操笔记**
　　　　　JINGYI GUANLI SHICAO BIJI
作　　者：鲁　朗

责任编辑：张　明	编辑部电话：（010）51873004	电子邮箱：513716082@qq.com

封面设计：仙　境
责任校对：安海燕
责任印制：赵星辰

出版发行：中国铁道出版社有限公司（100054，北京市西城区右安门西街 8 号）
印　　刷：河北京平诚乾印刷有限公司
版　　次：2024 年 7 月第 1 版　2024 年 7 月第 1 次印刷
开　　本：710 mm×1 000 mm　1/16　印张：14　字数：187 千
书　　号：ISBN 978-7-113-30886-5
定　　价：79.00 元

版权所有　侵权必究

凡购买铁道版图书，如有印制质量问题，请与本社读者服务部联系调换。电话：（010）51873174
打击盗版举报电话：（010）63549461

从初次读到詹姆斯P.沃麦克的《精益思想》到现在,已经过去快20年了。在这将近20年的时间里,但凡有机会,我都会在工作和生活中践行精益思想。通过漫长而充满趣味和挑战的实践,我发现自己的思维习惯和人生也因此发生了许多可喜的改变。精益思想不仅是一种管理思想,还是一种"信仰",它追求"少即是多",追求"最少投入,最大产出",追求"零瑕疵""零浪费"。当然,也有人说它和"极简主义"之间存在某种内在关联。

回想我的精益上半场,唯一能称得上"洗礼"的就是在国内实体零售TOP 1工作的那些日子。那时候,我从咨询行业刚刚转向实业单位,在经历了从乙方向甲方转变的同时,对未来充满了期待,也进行着新的规划。也许是因为公司看中了我咨询行业的背景,也许是因为公司觉得我对精益管理略知一二,竟然把全公司推动精益管理的重担交到了我的手上。大家都知道"知"和"行"之间还有很长一段距离,二者是不可能直接画上等号的。我的内心十分忐忑,生怕自己成了纸上谈兵的赵括,或是失守战略要地街亭而被诸葛亮挥泪斩杀的马谡。

不过还好,借着公司领导的爱护、指导,借着上级单位多位"黑带大师"的悉心训练、培养、帮扶,特别是公司上下20多万人的支持、理解,以及求变的心、勇敢的心,我不辱使命,把精益管理在这家正处于转型期的传统零售企业中推广开来。这期间有多少辛酸，就有多少收获和快乐。当我看到公司的转型大获成功，看到全国各地的一线门店因为开展"改善活动"发生了翻天覆地的变化，看到近百名中层管理者、基层主管、店长、店员因为在不同层级积极践行精益思想、开展精益实践而升职加薪时，我感到格外欣慰。当然，公司也因为我在推进精益管理上的突出贡献，给予了我不少肯定，比如上级单位颁发给我的"精益MVP"、公司授予我的"年度优秀员工"。我想这些都是我弥足珍贵的职业生涯记忆，也是重要的精益里程碑。

我之所以想把自己的精益推广经验分享出来，首先是因为我觉得这些经验十分宝贵，甚至是稀缺的、不可多得的。作为国内实体零售TOP 1，在它百年长青的基业中，能遇到这类转型期的机会实在少之又少；同时考虑到它是完完全全用精益管理思想、理念、工具推动变革的，更是绝无仅有。在我的认知范围内，全球似乎也鲜有这样的经典案例。其次，也是最重要的，是因为作为一名出发稍早几年的精益人，我希望正在出发的精益人能看看我走过的路，包括遇到的困惑、做过的思考、最终采取的解决办法、运用的工具，以及收获的惊喜。

我想，这些点点滴滴总有不少地方能与大家正在开展的精益实践产生共鸣，为大家提供一些借鉴和参考。我还更大胆地想过，也许我分享的这些内容可以瞬间打通大家的思路，让大家豁然开朗。我用过的那些工具，大家只需稍稍"本地化"，就可以拿来直接使用。总之，只要能让大家少走弯路，提高精益学习、应用、推进效率，我就非常高兴，我所有的付出就是值得的。

这就是我写作这本书的目的。

最后，有一点需要特别说明：出于对商业机密的保护，我用国内实体零售TOP1代替了我服务过的那家企业。不过，书中除了不出现那家企业的名字，所有内容均源自我的亲身经历，其中更不乏独家披露。作为亲历者，我的所思所想都是最真的。

鲁　朗

2024年4月

目录

第一章 启动前：弄清楚三件事就够了 ………… 1

一、实现高质量发展：这是企业推行精益管理的内在动机 ………2
二、推动精益变革：这是企业推行精益管理的目标 ……………4
三、P（process）型标准：精益管理更关注过程 ………………6
小故事：精益管理"管"什么 …………………………………8

第二章 启动中：做好组织建设 ………………… 9

一、先点将，再招兵：懂拉动的才是最合适的精益管理推动人 …10
二、兵要精，人要广：巧用价值流识别潜在的支持群体 …………13
三、有组织，有纪律：引入 4DX 完成精益对接人机制建设 ……16
小故事："番号"很重要吗 ……………………………………23

i

第三章　启动后：先动起来……………………………25

一、高层：把 PDCA 循环介绍给高管……………………26
二、中层：办公室 5S 开展起来……………………………29
三、基层：零参与门槛的精益小改善……………………31
四、全员：用《S 超市精益简报》刷存在感，放大战果……34
小故事：是要数量还是要质量……………………………39

第四章　推进（广阔战场）步骤1：明确主题和"抓手"…40

一、找到最佳突破口：学会倾听顾客的声音……………41
二、找准机会人群：以消除浪费为视角挑选机会人群……47
三、找对机会点：在现有工作中寻找改善机会点………55
四、尝试提炼主题和口号：打造专属的精益精神………62
小故事：千元征集令………………………………………66

第五章　推进（广阔战场）步骤2：在全员学习的同时推进改善…………………………68

一、营造"比学赶帮超"的氛围：构建学习型组织……69
二、在高层中培养"铁粉"：全面质量管理与高层管理者的承诺…………………………………………74
三、在中层中培养盟友：管理培训计划与管理者主导的改善……81
四、黄带、绿带、黑带：精益带级人才培养……………86
五、在基层中培养追随者：业内培训与精益建议系统……89
小故事：奖金怎么分………………………………………95

第六章　推进（广阔战场）步骤 3：用项目认证倒逼产出……96

一、多熟悉精益项目：精益项目有等级之分………97
二、多提供"吃螃蟹"的机会：鼓励个人推动的改善……100
三、多组织项目认证活动：规范团队推动的改善………105
四、多开展项目辅导工作：灌输用数据说话与可视化理念……110
五、多给予员工肯定：借鉴戴明奖与自我实现理论………115
小故事：不患寡而患不均………………………119

第七章　推进（局部战场）——高层：有节拍地完成管理行为渐变………120

一、总目标：把高层变成精益变革代理人………121
二、第一拍：让管理看板进入高管办公室………123
三、第二拍：让 onepage 成为常用汇报工具………128
四、第三拍：让全面流动管理重塑工作流程………133
五、第四拍：让精益作战室驱动管理行为改变………140
小故事：真正的空杯心态………………………143

第八章　推进（局部战场）——中层：把每一次标杆学习都当成脱胎换骨………144

一、策划时，先搞清楚学什么：精益对标要有明确的目的……145
二、对标时，带着问题去学习：设置控制点让对标活动受控……150
三、内化时，要有结果导向的追踪机制：把控制点变成检查点……155
四、固化时，要有变革的勇气：用 ESIA 去优化你的流程……160
小故事：海尔的日清法怎么对标………………163

第九章 推进（局部战场）——基层：推进现场管理专业化……164

一、今天你精益了吗：用门店 5S 与消除浪费完成"精益洗礼"……165

二、这事你说了算：帮助现场主管完成角色转变……170

三、我们提供的只是舞台：明确现场人员的角色和分工……174

四、这个模板很好用：教会大家用鱼骨图分析问题……177

五、"改善前"与"改善后"：把基层改善巡检表变成日常改善工具……180

小故事：购物小票到底要多长……183

第十章 持续推进：保持热度非常重要……184

一、让所有问题都能在现场得到解决：把三现变成管理习惯……185

二、让所有工作都有1，2，3，4：标准化与防呆法其实很实用……189

三、让所有经验都流动起来：标准作业程序还可以用来沉淀组织经验……193

四、让所有标准都做好被打破的准备：请保持 SDCA 循环……196

五、让精益人才成为企业的中坚力量：IDP 清晰化才是留人之道……198

小故事：这就精益了……201

第十一章 精益永远在路上……203

一、精益管理在零售连锁行业应用前景的思考……204

二、关于精益人才培养的三点检讨……207

三、推行精益管理必须有管理行为的变化……209

四、精益管理没有终点……211

第一章

启动前：弄清楚三件事就够了

关于"知行合一"，曾有非常精彩的论断：知是行的主意，行是知的功夫；知是行之始，行是知之成。这说的是先理解一件事情再去践行，就会有明确的目的性，如此一来，实践就是对理解到的知识与技能的一种运用。树立正确的认知是一切实践的开端，实践所能取得的成就大小深受认知的影响。推行精益管理也是这样的。我们非常有必要在启动精益管理这个大项目之前，先进行一番基本的思考，以保证整个航程不会偏离航线。

一、实现高质量发展：这是企业推行精益管理的内在动机

我当时所在的是一家国内排名绝对靠前的零售连锁实体公司，我们启动精益管理的时间点是21世纪第二个十年初期。21世纪第二个十年的特别之处在于，这是一个电商蛰伏多年，开始对传统零售行业疯狂冲击的年代。最经典的莫过于2012年的"8·15电商大战"。事件的起因是一场微博口水战，结果国内绝大多数电商都被卷入其中。在这场"大战"中，电商平台一再刷新价格战的下限，由"1元购""0元购"，最终刷到了网上商城全线商品都将低于"0元购"的5%。

"8·15电商大战"虽然看起来只是一场电商之间的竞争，但是受到伤害最大的却是传统零售业，也就是在线下实体门店销售商品的零售商。有关部门针对此次恶性竞争事件的调查结果显示，这场价格战给当年的"三大电商平台"都带来了巨大的流量和销量。其中，第二大电商平台还在一个月内实现了销售规模十倍的增长。那么，迅猛增长的销售规模来自哪里呢？自然来自实体渠道。

受到电商疯狂冲击还只是外在压力，最令实体连锁零售业头疼的是自

身的发展遭遇瓶颈。从改革开放到21世纪第二个十年，现代化的实体经济已经发展了四十多年，在这四十多年里，绝大多数连锁零售企业走的都是一条"野蛮生长"的道路。我们靠着不断抢占"黄金地段"，去开店，去招聘店员，去抢占顾客资源，从而实现了规模增长。可是，这种粗放式甚至近乎无序的规模扩张总有一个尽头。

当我们意识到这个问题的时候，居高不下的租金压力、日益攀升的用工成本，以及商品运输、仓储等环节"疯涨"的费用，很快就将我们包围了。这些出现在零售各个环节中的"疯涨"行为不断蚕食着我们的利润，如果不设法加以控制，那么我们的生意将难以为继。面对外部竞争压力和内部发展瓶颈，公司上下"求变"的呼声越来越高，我们急需转变发展方向，更需要一套相对成熟的工具、方法来帮助我们完成方向的转变。这就是我们决定推行精益管理的全部背景。

总结起来，只有一句话：我们推行精益管理是为了走上高质量发展的道路。那么，什么是高质量发展的道路呢？它和精益管理之间究竟有什么关系呢？为什么企业要走高质量发展的道路，就需要推行精益管理呢？我想和大家一起进行一次简单的探讨。

党的十九大报告指出，我国经济已由高速增长阶段转向高质量发展阶段。具体到企业经营层面，强调要通过结构优化、效率提升及创新驱动，实现全要素生产效率的提高。简单来说，就是要求我们在企业的日常经营中，想方设法提高各种经营资源的运转效率，以尽可能少的投入获得尽可能高的收益。我们发现，精益管理和高质量发展之间似乎存在某种强关联，"精就是少投入，益就是多产出"。至少在追求层面二者是一致的。

事实上，当我们走进精益管理之后，就会有更多惊喜的发现。例如，精益管理对浪费的消除，对"零缺陷"近乎偏执的追求，对现场管理的体系化要求，对顾客声音的倾听，还有"人机合一""防呆法"……这些完全可以应用于企业创新的工具和方法都是企业行走在高质量发展道路上必不可少的良辅。

  在这个VUCA（易变的、不确定的、复杂的、模糊的）时代，在全球经济增速明显放缓的大环境下，绝大多数企业要想生存下去，并且还想"过上更好的日子"，可以选择的道路只剩下了高质量发展。而企业推行精益管理正是为了把这条路走通、走顺、走好。

  这大概是我们这个时代企业推行精益管理的内在动机所在。

  总之，企业推行精益管理一定是在某个大背景下作出的最佳决策，一定有十分强烈的内在动机。作为精益管理的推动、参与人员，我们很有必要在出发前弄清楚这些事情。

二、推动精益变革：这是企业推行精益管理的目标

  说起精益管理能够给企业带来的变化，有两个非常经典的例子：一个例子是走进精益管理的朋友都应该了解的——丰田模式对整个汽车制造行业带来的冲击和颠覆。在詹姆斯 P. 沃麦克所著的《改变世界的机器》一书中，把这种冲击和颠覆称为"工业中的工业在转型"。另一个例子则源自美国威斯康星州东北部一家中等规模医院的精益实践。2002年，时任泰德康医疗集团CEO的涂尚德医生和医院的管理团队在对丰田公司进行参观、对标学习之后，打算把汽车制造业的精益经验引入医疗卫生行业。为此，他们进行了一系列的改良和探索，并最终形成了符合泰德康医院实际情况的医疗体系。在该医疗体系中首次提出了精益医疗的三个原则，即关注患者、注重价值、缩短治疗时间。以这三个原则为行动方针，涂医生和医院上下在五年时间里持续推动精益变革，取得了显著的成绩，包括门诊

量大幅上升、价格优势增强、医疗质量名列前茅、员工满意度显著提高、运营利润率大幅上升，极大地促进了泰德康医疗集团的快速发展等。

作为世界上首例精益医疗实践，领导这次实践的涂尚德医生已经把他们的精益变革经验整理完成，并写入其所著的《精益转型》一书中。在这里之所以提到这个案例，是因为我想和大家分享三点：第一，精益变革无处不在；第二，精益管理思想和工具的应用范围非常广泛，在大家意想不到的地方已然发生着精益转变；第三，企业推行精益管理都是有明确目的的，这些目的虽然各有偏重，但无一不是想在企业内部推动精益变革。

就我们当时所处的外部遭受电商疯狂冲击、内部急需突破发展瓶颈的经营环境，或者说生存空间来看，我们推行精益管理的目的只有一个——换个更好的"活法"。按照当时集团的提法就是：由外延式增长转向内涵式增长。这是我们推动精益管理的大方向。但是，说到底，我们还是想借助精益管理这一套体系，推动公司转型。关于具体的转型方向，公司上下经过几轮讨论之后，最终明确为"打通线上和线下渠道，实现双向联动"。这种经营模式在今天看来已经很普及、很常见了，几乎成了目前绝大多数实体零售商的共同选择。但是，在21世纪第二个十年营收（营业收入，后文简称营收）主要依靠实体门店的经营环境下，却是一项创举。我记得当时但凡开会，CEO总会提到"壮士断腕"这四个字，现在回想起来，为了推动转型，管理层确实拿出了很大的勇气。

那么，你所在的公司又是因为什么而出发的呢？打算走向哪里呢？我想很可能也是为了推动转型，希望走出一条可以基业长青的道路。但是，大家别忘了，企业经营的内在逻辑虽然相似，但面对的市场环境却千差万别，采用的经营管理手段也不可能一模一样，这就需要我们抱着打破砂锅问到底的决心，通过多种渠道，尽可能全面地搜集信息，从而弄清楚企业推行精益管理的具体原因和方向。这既是企业变革的初心，也是我们推动精益管理的初心。

三、P（process）型标准：精益管理更关注过程

在弄清楚企业推行精益管理的大背景、内在动机、具体的原因和方向后，我们将进入下一个话题：精益管理要做什么？也就是我们在推动、参与精益管理的过程中具体的关注点、发力点、变革点究竟在哪里？要回答这个问题，我们需要了解管理中的两种导向：结果导向和过程导向。相信大家都听过这么一则寓言故事，说的是有人种了一棵葫芦，不幸的是，在葫芦开花结果时，藤蔓上生了虫子。有好心人劝说这人尽快驱除虫害，以免影响葫芦生长，结果这人却说"我要的是葫芦"，根本不去管藤蔓上的虫子。"我要的是葫芦"就是典型的结果导向思维。在这里提到这则寓言，并不是想讽刺结果导向的管理思维，而是想让大家对结果导向有一个更直观的认识。

那么，什么是过程导向呢？自然是对种葫芦生长过程中每个细节的重视，比如浇水、施肥、松土、驱除虫害等。我们经常说的"好的过程才会有好的结果"，正是非常典型的过程导向思维。

事实上，结果导向和过程导向通常被应用于对结果的衡量，相应地，也形成了两套关注点不同的衡量标准和评价体系。

在《改善》一书中，今井正明对精益管理的"导向问题"有过详细的论述。为了方便比较，今井正明先生将结果导向的衡量标准称为R（result）型标准，将过程导向的衡量标准称为P（process）型标准，如图1-1所示。

通过对质量控制小组管理行为的考察，今井正明发现，如果管理者只注重结果，也就是以R型标准评价质量控制小组的活动，那么，质量控制小组将把省钱当成小组活动的目标和追求；如果管理者把关注点放在质量控制小组成员的努力和投入程度上，也就是用P型标准去要求他们，那么质量控制小组的质量控制活动才能真正帮助企业改善生产经营状况。

第一章　启动前：弄清楚三件事就够了

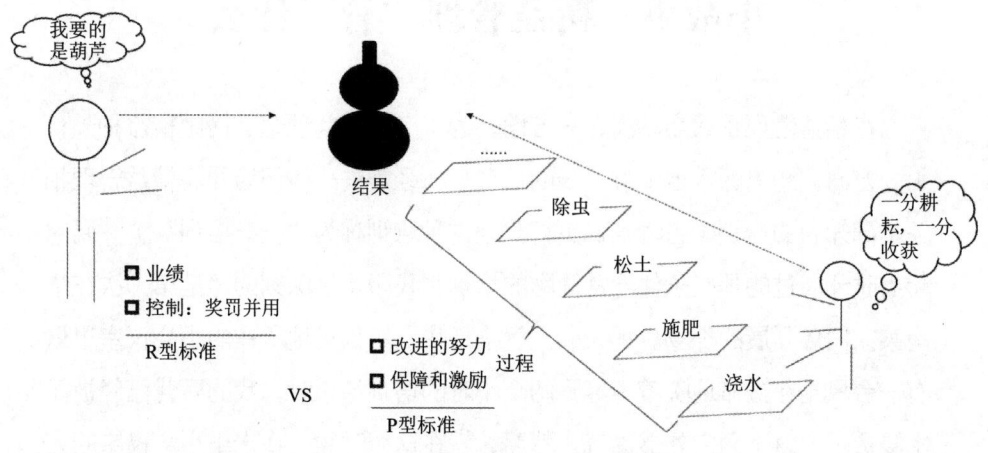

图 1-1　R 型标准和 P 型标准示意图

那么，常见的P型标准有哪些呢？如每月举行会议的数量、参会比例、解决问题的数量、提交改善报告的数量。质量控制小组如何选题立项？他们在选题时会考虑公司当前的处境吗？他们在解决问题时会考虑安全、质量、成本等因素吗？他们的努力会带来工作标准的提升吗？这些都是今井正明列举出来的。相信大家读到这里，已经对推行精益管理过程中的P型标准有了更真切的认识。

总结起来，R型标准更为直观，相对来说都是短期性的标准；而P型标准要求管理者把目光放长远，因为它关注的是员工努力的过程，重视的是员工日常行为的改变。回到我们用精益管理推动企业变革的初心，是不是P型标准更适用呢？

其实，P型标准体现了精益管理中很重要的一个理念——人本主义。我们只有注重人的价值，以人为本，才能不断地激发员工的士气、活力、潜力，才能全面而彻底地推动企业的变革。精益管理到底要做什么？具体要在哪些地方发力呢？我想，除了推动经营理念、业务模式的转变，重塑价值创造流程，更重要的是激发人的活力，在日常经营的每一个环节、每一个细节处发力。

7

小故事：精益管理"管"什么

在精益管理正式启动前，一方面，为了宣贯精益理念、播撒精益种子；另一方面，想更深入地了解一线的情况，我经常去一线门店开展精益管理相关基础知识的培训（当时我们更喜欢把这种培训称为"扫盲培训"）。回想起当时开展过的那些条件异常简陋的培训，我印象最深刻的还是第一次在华南某家门店开展的那场。那天的天气格外热，培训场地所在的小会议室里只有一台风扇在拼命地吹着。等到两个小时的培训结束时，我的后背已经被汗水浸透了，急于到室外透透气。然而，就在这个时候，在走出小会议室的人群中，有一位女店员有些羞涩地问我："鲁老师，听您讲了半天，有一个问题我一直想请教您，那就是精益管理到底在咱们公司里管什么呢？"这无疑是一次极端环境下的"电梯测试"，我不能随便应付，更不能回答得很官方。于是，我深吸一口气，很认真地告诉她："精益管理管的是一些怎么让大家工作更轻松、收入变得更多的事情。"

第二章

启动中：做好组织建设

稻盛和夫在回顾京瓷的发展历程时曾震惊地发现：无论公司规模是最初的28名员工，还是在短短的五年里增长到100名员工，抑或是后来的200名乃至300名员工，都是他一个人在忙碌，并且这种忙碌几乎涵盖了经营的所有环节。由此，稻盛和夫想起了一句俗语："中小企业像脓包一样，大了之后就会破。"这句话显然充满了警示意味，令我们不得不去思考管理中的组织建设问题。稻盛和夫正是借着这样的思考，创立了阿米巴经营模式。我们推行精益管理的第一步就正是做好组织建设。

一、先点将，再招兵：懂拉动的才是最合适的精益管理推动人

当公司把推进精益管理的重任交给我的时候，我几乎陷入了两种极端：一方面，我的脑袋里不断有许多稀奇古怪甚至疯狂大胆的想法往外冒，恨不得在某个清晨把所有的想法都付诸实践；另一方面，我对未来充满了焦虑，好像每往前迈出一步，都会面临无数的束缚。特别是我以一个小小的经理身份在全公司里推动精益管理，会不会没人搭理、处处碰壁？在那段日子里，我的心像钟摆一样，在两种极端之间来回摇摆。不过，我很快就琢磨出一个道理：强大的从来不是个人，而是组织，或者一个群体。

基于此，我开始设法团结一切可以团结的"群众"，尝试为公司建设一个强有力的精益推进组织。这样一来，我既可以完成角色的转变，由原先小小的经理变成一支强大队伍的代言人，甚至是领导者，也可以借助组织的力量，以组织的名义去推动精益管理，而不是单纯依靠行政命令或者借助CEO及某位高管的影响力去做事，在避免身份尴尬的同时，极大地强化了推动精益管理的力量。

第二章 启动中：做好组织建设

可是，我们要团结的"群众"在哪里呢？是见人就"团结"，还是有区别地对待，抑或是明确一个先后次序和优先级？另外，如果团结"群众"也跟下雨一样，需要一颗"凝结核"，那么我们精益组织的"凝结核"究竟在哪里？新的问题很快就冒了出来。

好在这些问题并没有给我造成多大的困扰。因为在咨询公司从业期间，我系统地学习、应用过麦肯锡方法。我清楚地知道"甭想把整个海洋煮沸"，我们需要"发现关键驱动因素"。这就是20/80规则。此外，主导过多个管理咨询项目的经历让我对"先摘好摘的果子"深有感触。几乎没有做过多的思考，我就缩小了"群众"的范围，区分出了优先级，把短期内工作的重点，也就是建设精益组织的突破口，放在了"凝结核"的寻找上。

那么，精益组织的"凝结核"到底该怎么寻找呢？这时候，我想到了精益管理中很重要的一个概念——拉动。拉动，又称为需求拉动，简单概括起来就是按顾客的需求投入和产出，使顾客精确地在他们需要的时间内得到需要的东西。詹姆斯P.沃麦克和他的伙伴在《精益思想》一书中对此曾有过详细的论述。丰田的JIT更是对拉动进行了很好的应用，如图2-1所示。我们只需稍稍琢磨一下，就会发现拉动的精髓其实只有两点：一是对顾客需求的准确掌握；二是对顾客需求的精确满足。

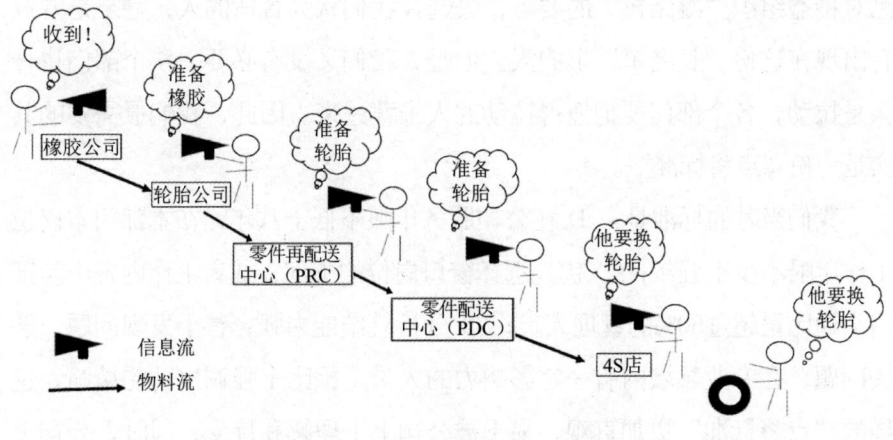

图2-1 与4S店有关的拉动环节

11

如果把公司里的所有人当成彼此间广义的顾客，那么我们不难看出，公司里的每个部门总有些人对他们的服务对象（上下游环节）有深刻的认识，不但清楚自己的顾客需要什么，还知道在多长时间内以何种形式满足顾客会得到顾客的认可（至少不会遭遇投诉和抱怨）。虽然他们只是凭着多年的岗位经验、职业素养、工作习惯甚至个人直觉在进行判断，但是从对拉动精髓的践行来看，他们无疑是所在部门最懂拉动的人。我们要寻找的"凝结核"正是这样的人。

事实上，当我们决定要建设精益组织时，我们面对的问题并不是"无将可用"，而是各个部门领导的热情推荐。这种情况的出现其实很好理解，因为在全公司都在求变，都把推动变革提上日程的大环境下，又有哪个部门愿意落后呢？不管怎么说，当我们把公司要建设精益组织的消息放出去后，很快就收到了一份"长名单"。这份"长名单"的人员构成可谓五花八门，有的是部门核心管理骨干，是领导想锻炼重用的人；有的是部门的闲人，因为他们有大量的时间应付各种闲事；有的人是由于他们在部门中学历相对较高，领导认为他们可能在接受专业知识方面比一般人要快；还有不少人只是因为经常和我们部门对接工作，也被推荐过来……

面对这份"长名单"，我们当然不会照单全收，我们要做的是依照自己对精益组织"凝结核"的要求，去选择我们认为合适的人，甚至是并没有出现在这份"长名单"上的人。但是，我们又没有必要去挨个部门讲什么是拉动，各个部门要把懂得拉动的人推荐过来。因此，我们最需要的其实是一份"点将标准"。

我们当时的标准是：① 在公司服务年限不低于八年，在本部门本岗位工作年限不少于五年；② 优先选择窗口岗位的干部，或者工作内容中跨部门沟通比重超过50%的管理人员；③ 分析总结能力强，善于发现问题、解决问题，在专业领域内有一定影响力的人员。相比于强调拉动的精髓，这样的"点将标准"更加直观，易于被公司上下理解和接受，同时，公司上下也在选人的过程中明白了精益组织到底需要的是什么样的对接人。如果大家在建设精益组织的过程中面临同样的困惑，则建议大家尽可能地梳理出这样直观、具体、可操作的"点将标准"，避免理解上的偏差，提高组织建设的效率。

二、兵要精，人要广：巧用价值流识别潜在的支持群体

完成了精益组织"凝结核"的寻找，我们就有了足以覆盖公司各个角落的精益对接人队伍，也有了精益组织的基本轮廓。可是，有了轮廓只是有了骨架，并不等于完成了精益组织的建设，我们还需要帮助对接人识别或者明确重点工作对象，以使骨架上的血肉更加丰满。精益组织最基本的使命当然是在企业内部推动精益变革。我们只有把重点工作对象吸纳进精益组织中来，让他们和精益管理建立联系、形成联动，才能有效地推动企业的变革。这也是我们打造精益对接人队伍的价值所在。因为每个对接人就是一个神经元，他们有足够强大的力量触达所有的神经末梢，让整个机体发生质的变化。

那么，精益对接人的重点工作对象如何识别呢？在这里我要和大家分享精益管理中很重要的一个概念——价值流。我们都知道企业存在的意义就在于创造价值，所谓的价值流正是企业创造价值的整个过程，或者用图形语言让这个过程更直观、显性地呈现出来，如图2-2所示。可以说，不管我们会不会绘制价值流图，我们所在的企业都会（并且一直）遵循价值创造的过程持续运转。如果我们要在庞大的企业组织架构内为分布在各个部门的对接人识别重点工作对象，那么最好、最快、最稳妥的方法自然是依靠价值流。

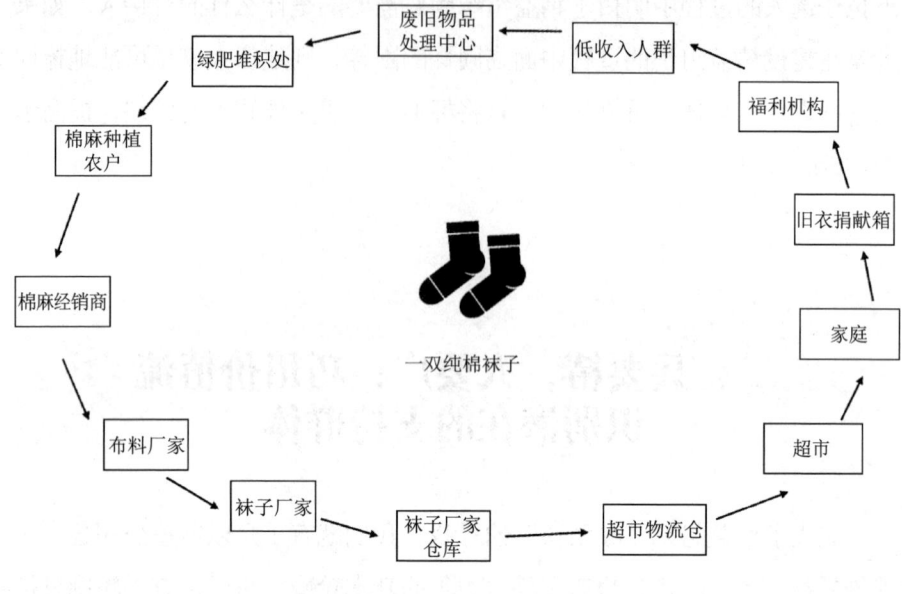

图 2-2　一双纯棉袜子的价值流

由于我们面对的是一家需要变革的企业，也就是公司上下对现状不满，急需改变现状的企业，因此，在价值流的应用中，我们只需要找出阻碍价值流动、制约价值创造效率的环节，处在这些环节中的工作人员就是精益对接人的重点工作对象。人们常说穷则思变，处在这些环节中的同事自己也会感到很别扭。我们的工作一旦围绕"解放"他们的劳动力展开，相信这些同事一定会是精益管理甚至公司变革最忠诚的支持群体。

但是，大家都知道，要把一家企业的价值创造过程完完整整地呈现出来，也就是把全面的价值流图绘制出来，不仅需要专业的技能，还需要大量的调研访谈和资料收集工作，以及细致、严谨的分析和梳理。这当中的关键是绘制价值流图的整个过程相当耗时且漫长，我们没有必要全方位启动这个冗长庞杂的过程。因此，在用价值流识别重点工作对象时，我并没有打算把公司的价值创造过程完整地呈现出来，而是组织了一场专题培训，把绘制价值流图的基本方法教给了对接人，让对接人用他们掌握的方法把所在职能部门、业务单元、门店创造价值的过程大致画出来，并且在图中注明哪些环节让他们明显感到不顺畅，如图2-3所示。

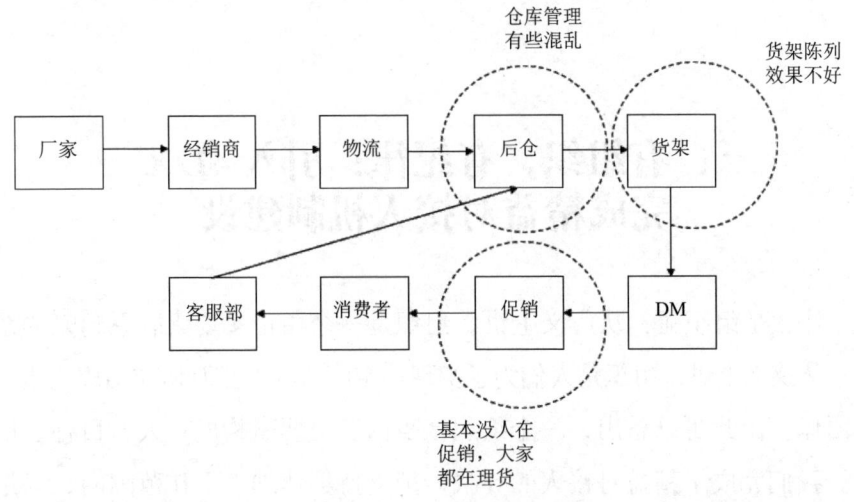

图 2-3　某店长绘制的一件商品的价值流图及不顺畅的地方

通过简单的局部价值流图绘制，会帮助精益对接人建立小范围的全局观，从而发现其所在单位、部门发展（创造价值）的瓶颈所在。相应地，处于瓶颈业务模块的人员正是对接人的重点工作对象。我们找到了这些人，也就找到了在公司里推动精益管理的潜在支持群体和我们未来开展工作的方向。有一点非常重要，基于触动公司每根末梢神经的考虑，我们应当在做好精准识别的同时，最大限度地扩大支持群体的覆盖范围。对于一些可覆盖可不覆盖的人群，如果精力允许，则也应予以覆盖，力争做到"兵要精，人要广"。

在这里我想问问大家，是不是将价值流图换个方式绘制出来，也就没那么高不可攀了？其实，精益管理的思想、概念、理论、工具的可延展性、可开发性相当强。只要大家在推进精益管理的过程中勤于思考，敢于打破既定的规则，就一定可以事半功倍，甚至还有可能在精益实践中开辟出一片新的天地，成为某某工具、某某工作方法的创始人。这大概就是精益管理的魅力所在。所以，大家勇敢地去尝试吧。

三、有组织，有纪律：引入 4DX[①]
完成精益对接人机制建设

什么是组织呢？从广义上讲，组织是一个由诸多要素联系起来的系统。从狭义上讲，组织是人们为了实现一定的目标，相互协作结成的集体或团体。由此可以看出，一个组织至少由三类要素构成：人、目标、协作。我们完成了精益对接人的寻找，把支持群体纳入工作范围内，只是完成了"人"这一基础要素的建设。要让组织中的"人"有统一的"目标"、相互"协助"，还得完成制度建设。正如人们常说的，有组织，还得有纪律。

事实上，关于精益推进组织的建设，在《精益思想》一书中有专门介绍。这种组织被称为精益促进小组，它独立于所有职能部门之外，是一种常设机构，如图2-4所示。此外，该书的两位作者还认为，精益促进小组的最佳组织形态是和质量保证部门结合在一起。

我们不难看出，《精益思想》一书对于精益促进小组的经验显然总结自制造业的生产经营实践。对于零售连锁及绝大多数非制造型企业而言，直接照搬经验肯定是不合适的。不过，我们完全可以以精益组织的样式为蓝本，进行更加灵活的组织设计。

---

① 4DX（The 4 Disciplines of Execution），即"执行力四部曲"，是一种帮助企业实现战略目标的管理方法，通过聚焦关键目标制订明确计划、建立定时监控和持续学习改进的方式，帮助企业实现卓越的执行力。

虽然我们最终选择了明确兼岗对接人的形式建设精益组织，但我还是想把我们当时为什么会做出这样的选择分享给大家，方便大家在理解我们做法的同时，对自己所在的企业该做出何种选择予以思考。

图2-4 《精益思想》一书总结的精益组织的形式

要灵活设计精益组织，我们面临着三种选择。

方案一：增设精益管理专岗，如图2-5所示。

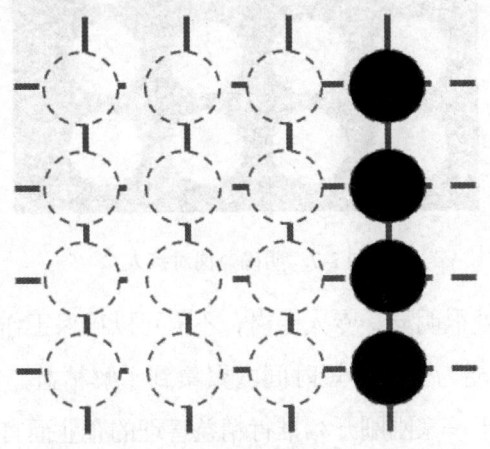

图2-5 增设精益管理专岗

方案二：充分利用现有虚线业务对接人，如图2-6所示。

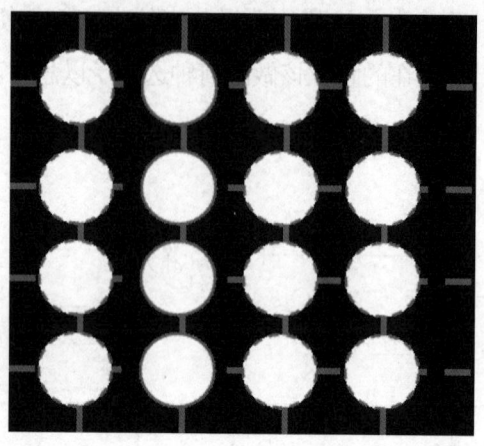

图2-6 利用现有虚线业务对接人

方案三：明确兼岗对接人，如图2-7所示。

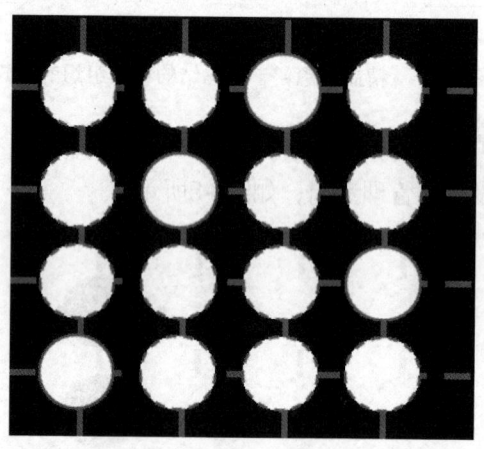

图2-7 明确兼岗对接人

方案一的好处很明显，专人专岗，不但可以确保工作任务能够落实到人，并且还有可能为公司在短时间内聚集到了解精益、熟悉精益的紧缺人才。但是，对于一家刚刚开始推行精益管理的企业而言，是否有必要投入如此大规模的专业人才？在完成人员投入后，能否达到预期效果？这些问题都是需要我们认真思考的。

另外，专业的精益人才本身就十分稀缺，要想完成所有专岗的招聘势必需要一些时间。在专岗人员到位前，精益推动也会因此而陷入停滞和等待。同样，该项招聘工作对公司现有HR的招聘能力也是一种考验，他们能不能招聘到我们需要的人才也值得商榷。

其实，我个人认为，增设精益管理专岗，不仅增加了推动成本，还在无形中提高了公司对该项工作的预期，这种超高预期经过转化，一定会成为我们推进的压力。

简言之，方案一并不是可以轻装上阵的最佳选择。

作为公司总部的职能部门，我们总会有虚线管理的单位，这些单位里的人员由于业务往来或者虚线管理关系，和我们沟通频繁，并且绝大多数都是熟人。我们只需要在熟人中间明确一些人作为精益推动工作的对接人，就可以轻松完成最基本的组织构建。

方案二的优势在于，对接人配合度高，也乐于承担精益推动任务，并且组织搭建的速度最快。但是，对接人大多数是同一领域内的专业人才，容易形成思维定式，不利于对接人角色的转变，以及精益思想在企业内的快速传播。另外，如果管理不善，则很有可能把推动精益做成某个职能线条自己的事情，进而形成不必要的部门壁垒。

由此可见，方案二虽看起来很好，却不堪重用。

方案三是我们最终选择的方案。具体的做法是在公司现有职能部门、业务单元中分别明确1~2人作为精益推动工作的专项对接人。该方案的优势和方案二的优势差不多，却克服了方案二的思维定式和部门壁垒。由不同职能部门、业务单元中的人员组成的多元化对接人队伍容易产生思维碰撞，也让大家看到了不同单位面对精益推进时差异化的想法、困难和期待。这对于精益推进的制度建设、策略设计、推进节奏保持都会起到事半功倍的作用。

当然，方案三也有自身需要克服的缺陷，那就是职能部门、业务单元间出于自身利益考虑，会出现所谓的"本位主义"，甚至相互扯皮的现象。不过，如前文所述，在明确兼岗对接人的过程中，我们发布了"点将标准"，并且按照该标准在各个职能部门、业务单元中遴选懂拉动的人员。懂拉动的人员的视野显然更加宽阔，对部门（业务模块）内及部门（业务模块）间存在的问题大都有深刻的认识，求变的心情也格外迫切。这就很好地克服了方案三的"本位主义"缺陷。

当我们决定采用方案三后，很快就在全国各职能部门、业务单元、部分门店中分别明确1名精益对接人，形成了最初的19人精益推进小组。这些精益对接人经过精益实践的磨砺，身上的闪光点没过多久就显露出来，大多成了大区总经理或业务部门负责人心目中的"种子选手"。在我负责精益推动期间，精益对接人的汰换率不到30%，绝大多数人至今仍在精益推动一线开展工作。这说明我们当初的选择是正确的，推行精益管理确实能为企业带来持久的活力。精益管理对接人一览如图2-8所示。

S超市精益管理对接人一览

大区/职能中心	岗位	姓名	联系方式	
			电话/手机	邮件地址

图2-8　精益管理对接人一览

那么，由对接人承担"神经元"功能的精益推进组织该怎么做制度建设呢？或者说这样的精益推进组织应当如何开展工作呢？在绝大多数精益管理经典著作中的经验都很难拿来直接应用的情况下，我们需要拓宽视野，借鉴其他管理学说中的经验。

克里斯·麦克切斯尼和其他两位合著者在《高效能人士的执行4原则》一书中介绍了提升组织绩效的四项原则，如图2-9所示，其中原则四是建立规律问责制。在原则四中，克里斯·麦克切斯尼三人提出了一套目标回顾机制，这套机制同样适用于精益推进小组。

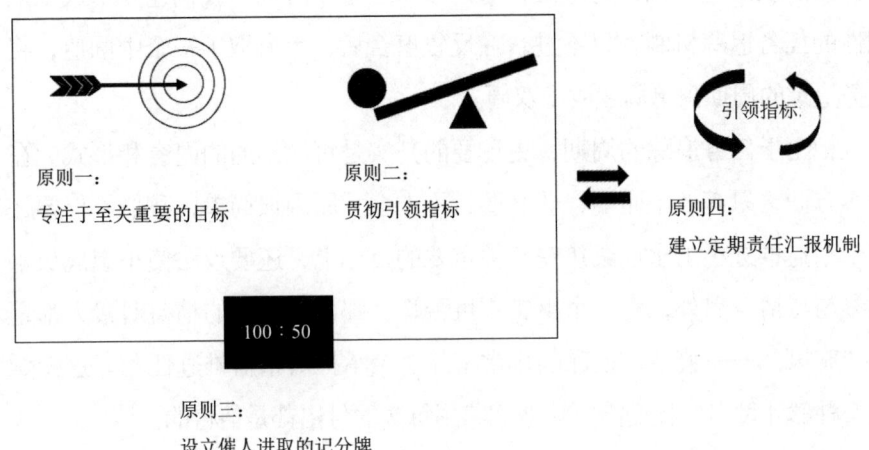

图 2-9　提升组织绩效的四项原则

在精益管理推进前期，我们的工作目标在大多数时候是简单、明确的。那么，有了工作目标之后，如何对目标进行有效拆解、传达落实，以及对执行效果进行检验，就成了摆在我们面前的新课题。

按照规律问责制提出的模型，我们首先要和对接人约定多久碰一次头及碰头的形式。最佳的选择其实是以周为单位，在每周的同一天同一时间碰一次头。这么做的好处在于，既可以让大家保持对目标的聚焦，又可以有足够的时间让对接人去完成他们承接的任务。

此外，最重要的一点在于，如果我们能够坚持这么做，那么完全可以形成周期性的任务追踪机制，并逐渐形成高效的精益推进节奏。

不过，理想很"丰满"，现实总是有些"骨感"。我当年虽然很想把规律问责制应用到早期的精益推动中来，可是在最初的时候，对接人总有形形色色的"客观理由"，让我们的周例会改期举行。因此，就对周例会的坚持来说，当时确实谈不上成功的实践。

但是，经过磕磕绊绊地坚持，每周需要开个碰头会的想法深深地印在了大家的脑海里。以此为基础，差不多花了半年时间，我们还是形成了周期性的任务追踪机制。只不过，在反复磨合后，大家取了一个中间值，将任务追踪的周期由单周变成了双周。

相比于任务追踪的周期，更重要的其实是每次沟通的内容和形式。在内容方面，只有一个原则：非必要，不上会。原因很简单，我们不仅要让整个精益推进小组永远聚焦在至关重要的目标上，还要设法使小组成员永葆参与热情。另外，有一个事实不可否认，那就是所有的精益对接人都是在"旋风"——繁杂、忙碌的日常工作之余承担着精益推进任务。这无疑是一种额外付出，我们需要让他们感到每次的付出都是值得的。

在沟通形式或者说环节安排方面，规律问责制已经给出了一个实用且完整的框架——目标会议机制，如图2-10所示，我们只需要稍稍变通一下，就可以很好地利用起来。

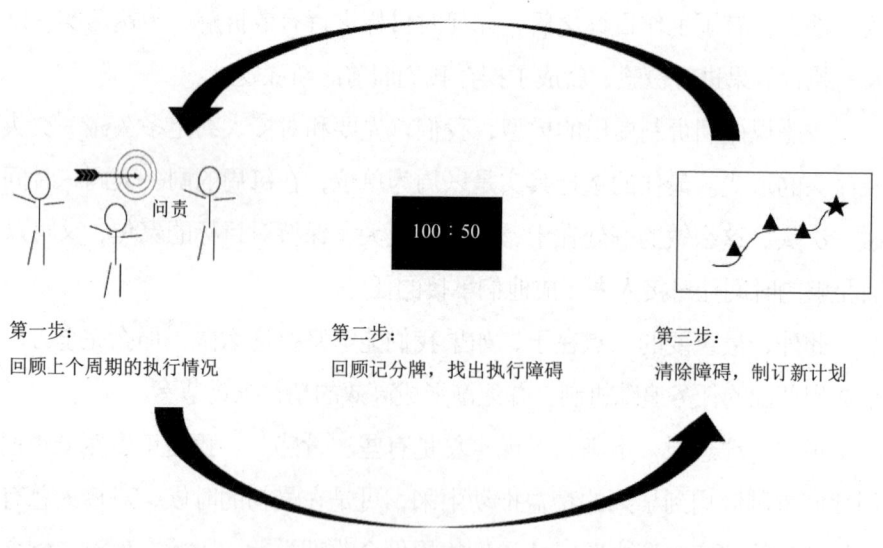

图 2-10　与规律问责制配套的目标会议机制

第一步，回顾上个周期的任务推进情况。当时我们要求19名精益对接人使用统一的调研模板，在一个月内完成对所在大区现有人员精益管理接触情况的摸底，并形成基本的调研结论。在例会上，我作为会议的主持人，也是公司精益管理推进人，需要先对摸底调研的整体情况进行简单的全面回顾。相信这也是各位对接人感兴趣并且很想了解的信息。

第二步，回顾记分牌。按照目标会议机制的原意，要求我们采用记分制对周期细分目标的达成情况进行打分，并由具体的执行人在会议现场对记分结果予以回顾和检讨。而实际情况却是，我们在过程中并未实施记分制。那么，这一步该怎么操作呢？

其实，让执行人回顾、检讨记分结果的主要目的在于让执行人对分拆目标进行局部盘点。由此，我们可以让对接人分别对所在大区的调研进度进行分享，并在过程中总结成功经验，发现影响摸底调研开展的障碍。

第三步，制订下一周期的工作计划。该步骤其实是想让执行人认领下一周期的任务，并做出目标承诺。我们可以依照这个逻辑，让各位对接人对下一周期的工作计划进行说明，并明确具体的推进目标。需要说明的是，在对接人认领下一周期的推进任务时，我们需要调动其他对接人的积极性，群策群力，帮忙思考如何清除上一周期中遇到的推进障碍。这才是召开目标会议的价值所在。

小故事："番号"很重要吗

在第一次精益对接人碰头会上，19名精益对接人，人人脸上洋溢着兴奋的笑容。大家之所以如此高兴，是因为在精益推进组织成立前，许多人已经"没名没分"地开展了很长时间的工作。现在公司有了正式的精益推进组织，大家在开展相关工作时也有了"后台"，并且变得名正言顺起来。然而，即使这样，大家还是不满足。在会议开到一半时，有人提出："我们这个精益推进组织难道不该有个名字吗？"这个问题听起来很简单，背后隐藏的逻辑却非常耐人寻味。如果这个问题放在部队里，那么这位对接人要问的其实是："我们的队伍既然已经成立了，难道不该有个番号吗？"那么，番号是什么呢？它是按照部队的性质、编制序列授予的部队名号。许多著名的军事家都说过，番号就是战斗力。因为番号意味着共同的精神归属和荣誉感。这既是军人在乎的，也是组织凝聚力的源泉。因此，给精益推进组织取一个叫得响、叫得开的名字是很有必要的。经过激烈的讨论，我们最终把精益推进组织的名字确定为"S超市精益办"。名字虽然有些普通，但是我们的精益推进组织毕竟有了"番号"。

第三章

启动后：先动起来

戴尔·卡耐基在《人性的优点》一书中关于停止忧虑有十分精辟的论述：清除忧虑的最好办法就是要让你自己忙着，去做一些有用的事情。相信大家在启动精益管理伊始，也会萌生许许多多可以把事情做到更好的想法。随着这些想法越来越多，多到超出大脑的负荷时，大家也可能会因此而忧虑。事实上，这是每个精益推进人、精益参与者都会经历的阶段，也是我们都会遇到的普遍忧虑。那么，我们不妨悉心接受卡耐基先生的建议，让自己忙起来，去做一些有用的事情。

一、高层：把 PDCA 循环介绍给高管

人们常说"当局者迷，旁观者清"，回头看看我们当初走过的道路、经历过的波折，我还可以给大家提一些有益的建议，让大家避开一些"雷区"。可是在当时，在很多时候我们都是凭着本能，或者说凭着过往的经验、知识、技能的积累，以及临时冒出来的想法，甚至是直觉在做事情的。如果逐一评价，则很难给所有事情都打100分。不过，幸运的是，我们在大方向上从未出现过错误。

当我们决定让公司因精益而动起来的时候，我们习惯性地把公司人群分成三类——高层、中层、基层，并且针对不同的人群制定了不同的行动方案。如果把精益推进前期的工作当成组织一场最大限度吸引公司全员参与其中的大型趣味游戏，那么我们的工作就是向三类人群分别抛出一件好玩的玩具，让大家先玩起来。当然，在大家越玩越开心的时候，我们其实是期待大家因为好玩而走进精益管理的。

针对高层，我们抛出来的工具是PDCA循环。管理工具千千万，为什么是PDCA循环呢？

首先，PDCA循环和精益管理渊源极深，属于"骨灰级"的精益工具。PDCA循环最早是由美国质量管理专家沃特·阿曼德·休哈特提出来的，后经由爱德华兹·戴明博士发扬光大。PDCA循环的提出、推广为实施全面质量管理提供了思想基础和方法依据，也奠定了六西格玛管理法诞生的基础。让高管从PDCA开始掌握精益工具，既可以方便其由简入繁、循序渐进地学习，也可以为其后续接触、熟悉全面质量管理和精益六西格玛等系统性的精益思想、工具扫除理解障碍、夯实认知基础。

其次，PDCA循环的逻辑性极强，基本上可以应用到所有的日常管理场景中。我们都知道，PDCA循环是由计划（plan）、执行（do）、检查（check）和处理（act）四部分组成的，而这四部分不正是我们日常工作的范式（也可以称为一个完整的闭环）吗？我们向高管推广PDCA循环，除了引导他们走进精益管理，还给他们介绍了一个可以帮他们进行工作梳理的工具。掌握了这个工具，高管不但可以强化工作的条理性，而且可以查漏补缺，优化工作流程，改善工作习惯，更重要的是，PDCA还可以帮助他们厘清部门之间的协同关系，从而提高整个管理团队的战斗力。只要PDCA循环被高管真正利用起来，他们很快就会发现这些好处。

最后，PDCA循环可以作为一种通行的"团队语言"，在高管之间、高管与下级沟通过程中扮演重要的媒介，从而大幅降低横向、纵向沟通成本。举个简单的例子，当我们检讨一件商品为什么会滞销时，我们可以从计划（plan）开始，一环一环检讨下去，最后检讨到处理（act），即相关部门在明知商品已经滞销的情况下，有没有及时采取补救措施，如图3-1所示。这在引入PDCA循环前是很难想象的，因为商品一旦滞销，大家会本能地认为责任在选品人员，是因为他们选的东西不好，才会没人买。

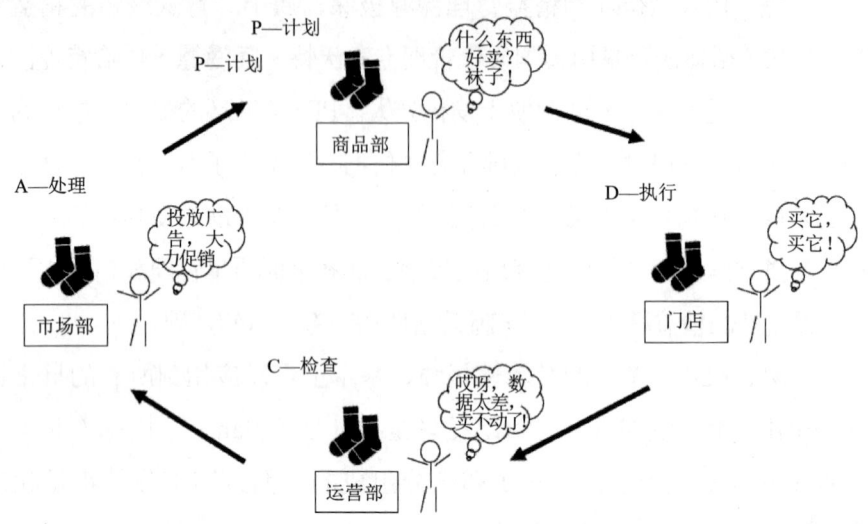

图 3-1　和商品滞销有关的 PDCA 循环

说了这么多PDCA的好处，大家知道我们是怎么把PDCA循环介绍给高管的吗？我们当然是从职位最高的高管——公司CEO入手的。当我们联合上级单位的"黑带大师"把PDCA循环介绍给CEO后，CEO对这个工具十分认可，特意在公司的几次会议中强调了这个工具。如此一来，就有不少高管对这个工具十分好奇，并且向我们寻求帮助。老实说，我们等的就是这样的机会。在高管提出帮助需求后没多久，我们适时地接连组织了三场PDCA专题培训，并且趁机把精益管理也推广了出去。

有一点需要特别说明一下，并不是所有公司的CEO都非常配合精益管理推进工作。当我们无法通过CEO对工具的认同来驱动高管接受PDCA时，其实可以采取"以点带面"的策略，先找几个高管用起来，只要真正帮到他们，这个工具被推广开来是迟早的事。那么，什么样的高管适合做第一批"吃螃蟹的人"呢？我们觉得大概有三类：第一类，认同精益管理、支持精益推进的高管；第二类，学习能力强，愿意学习新工具、改进工作的高管；第三类，好奇心重，对新事物持开放心态的高管。如果我们一时半会儿还没找到合适的"吃螃蟹的人",那么我们其实可以先拿自己的上级领导"开刀",让他或者她充当PDCA尝鲜人、代言人。

二、中层:办公室5S开展起来

我们谈到中层,其实谈的是坐在办公室里的那一群人。这群人最大的特征恐怕只有两个字:繁忙。如何让这群繁忙的人乐在其中,日复一日地和我们配合下去呢?这是我们当时反复考虑的问题。不过,这个问题并没有困扰我们多久,因为我们想到了精益5S。

精益5S和绝大多数精益工具一样,最早诞生于制造型企业的生产现场。它的出现是为了改善生产环境,消除生产过程中的浪费,提高生产效率,使产业工人养成良好的作业习惯。之所以叫作5S,是因为构成5S的五个词的首字母都是S。这五个词分别是整理(seiri)、整顿(seiton)、清扫(seiso)、清洁(seiketsu)、素养(shitsuke)。如果我们对5S展开深入研究,就会发现每个S都有它的原理和具体的操作方法。其中,整理背后有个"红单运动";整顿要符合"三定原则";清扫如果要做得彻底还会用到鱼骨图;清洁还会涉及制度化,以及企业文化的养成;素养强调的是要保持一个良好的工作习惯。但是,这些在精益推动的启动阶段并不是非常重要,我们最迫切的需求是运用5S背后蕴藏的原理、方法设计一套玩法。

那么,怎么玩才好呢?在最开始的时候,我们并没有告诉大家我们要搞的活动跟5S有关,只是在一个月内搞了四次办公位整洁度大评比,还给排名前十的同事每人赠送了一份小礼品。办公位整洁度大评比其实很好操作。由于需要横向对比,或者说出于公平考虑,我们在活动开始前要求每个部门推荐一名评审员,参与到办公位整洁度的评比中。这样我们就有了无可挑剔的评委，也为评比结果的公正性提供了保障。此外，为了不影响大家的正常工作，我们把每周的评比时间定在了周五下班后。

在第一个周五下班后，评委们热情高涨，嘴角挂着做恶作剧时才有的坏笑，很快集合在一起。我们给每人发了一张事先设计好的表格。这张表格特意设计得很粗糙，只有每个参与评比的工位的编号和供评委凭感觉打出百分制分数的空格。评委们拿到打分表就出发了，我们从一楼开始，挨个工位打分评比，并且拍照留档。等给所有的工位打完分，我们发现有些人的个人习惯非常好，会不自觉地保持工位的整洁；有些人则为了避免在大评比中"出丑"，在下班前对工位做了简单的整理和清扫。最让人哭笑不得的是有些人干脆把地一扫，把所有的办公用品都锁进了抽屉里，给我们来个干干净净，让我们"无可挑剔"。尽管各个工位的情况不尽相同，但我们还是花了将近一个小时的时间给所有工位都打出了分数。当然，每个工位的最终得分是去掉最高分和最低分后，剩余评委打分的平均值。

到了次周周一早晨，我们不但在公司的定期晨会上宣布了第一轮办公位整洁度大评比的评选结果，现场给排名前十的同事赠送了小礼品，还将这些获胜者的工位靓照张贴在各个楼层的醒目位置，让他们出尽风头。如此一来，大家的胜负欲就被激发出来了，积极性自然就有了。很多人开始有意识地整理自己的工位，期待着下轮评比的到来。也正是在这个时候，有人开始向我们的精益对接人咨询保持工位整洁的妙招。评委们也不断提出，现有的评分规则过于主观了，应当有更加细致的、成体系的评分办法。那么，我们的妙招和成体系的评分办法是什么呢？当然是精益5S了。事实上，正是趁着办公位整洁度大评比营造起来的热度，我们把精益5S这个工具推广出去。

等到了第三轮、第四轮大比拼的时候，很多人的办公桌上都贴了彩色的厚胶带，把经常使用的办公用品的摆放位置固定下来（当然，大家还会在彩色胶带固定的位置上写上应当摆放的办公用品的名字，以及取用的数量等内容）。并且这些办公用品所固定的位置还是经过工位主人反复测量，或者根据日常习惯判断出来的最佳位置，也就是最适合减少浪费、提高工作效率的位置。这不正是整顿应该符合的"三定原则"中的定名、定量、定位吗？

如果我们把精益管理当成一种工作理念、人生信条，那么，我的经验就是，与其填鸭式地拼命灌输，不如用这种春风化雨式的小活动，让身在其中的人自发地去感受、去认同、去践行。

三、基层：零参与门槛的精益小改善

改善，顾名思义，就是做出改变，让事情变得更好。那么，小改善就是从小处入手作出改变，让事情变得更好。在精益管理中，改善是一个很普遍的理念，强调的是水滴石穿的功夫，强调的是日复一日地坚持，当然，也强调"勿以善小而不为"。

我们为什么要在基层推广精益小改善呢？主要有两个方面的考虑：第一，这是一种理念，正向的理念。不管基层店员能否作出小改善，我们都在告诉大家：稍稍努力一下，就可以把事情做得更好。这种鼓励上进的理念一旦在劳动密集型企业的一线员工中间传播开来，就会形成一股强大的力量，对于一线员工工作状态的改变（甚至是精神面貌的转变）、工作效率的提升都将产生足以创造奇迹的正向影响。第二，精益小改善基本上是精益管理诸多实践中参与门槛最低的实践，也可以说是零门槛的精益实践。一线员工只要在日常工作中稍稍有意识地留意一下，就会发现值得改进的东西。如果再把这些值得改进的东西简单地整理一下，则可以形成值得推广的改善经验。事实上，在门店里，只要员工有一双善于发现问题的眼睛，有一部具有拍照功能的手机，就可以把小改善做起来。

当然，作为精益推进人，我们要维持精益小改善的热度，或者说让这件事情在一线生根，并且自发地坚持下去，至少有三把火需要烧一烧。

第一把火叫"出尽风头"。简单来说，就是要让做出小改善的人有非常强烈的荣誉感、自豪感，让其他人眼馋、嫉妒，最终参与其中。我们当时的做法有三个：也是分成三个层级实施的"出尽风头"。我们会要求门店的精益对接人把一线员工做出的小改善用统一的模板（见图3-2），整理成图文（最好配上员工的照片，当然要员工愿意才行），打印出来（最好是彩打，大小以不超过A4纸的一半为宜），再塑封（用带拉链的透明文件袋、可拆装的透明文件夹等可反复使用的透明物料更好，这样可以避免浪费，更精益），然后张贴（悬挂也行）在员工做出小改善的地方（张贴的位置要稍稍考虑一下，最好既醒目，又不影响日常工作的开展）。这样一来，无论是员工自己，还是门店里的同事，甚至是进店的顾客，只要有人从这个位置经过，都会有意无意地对员工的努力做出肯定和夸奖。员工脸上有光，自然会设法保持改善成果，也就更有信心和勇气去做出更多的改善，以获得更大的肯定。此外，如果顾客走进门店，入眼处尽是店员在商品、服务等众多细节处所做的不断改善，相信顾客也会认为这是一家精益求精的优秀门店。

第二把火叫"空间有限"。我们鼓励一线员工去做小改善，并不是让他们漫无目的地看到什么不顺眼就设法整顿一下，而是希望大家能通过自己哪怕最小的努力，也能对门店服务质量的提高、运营效率的提升作出一些贡献。简言之，在员工开展小改善的同时，我们需要对大家进行方向性的引导。这一点实现起来并不复杂。每个门店在后台办公区（如果不是门店，则一般会在员工休息区）都会有一块被称为"员工天地"的小黑板（也可能是特意装饰出来的一面墙壁），我们要做的就是在"员工天地"

开辟出一小块空间，把那些符合我们要求的小改善展示出来，让员工明白这才是我们鼓励的"最佳小改善"。当然，我们也可以利用全员例会或者其他会议契机，对这些"最佳小改善"予以表扬和奖励（最好是实实在在的奖励）。总之，要让员工感到能成为"最佳小改善"的改善活动都是有实力的，并且成为"最佳小改善"的机会十分稀缺（当然，在"员工天地"开辟出来的那块空间也是有限的，并不是所有的小改善都能上墙露脸），这样才能让员工端正方向。

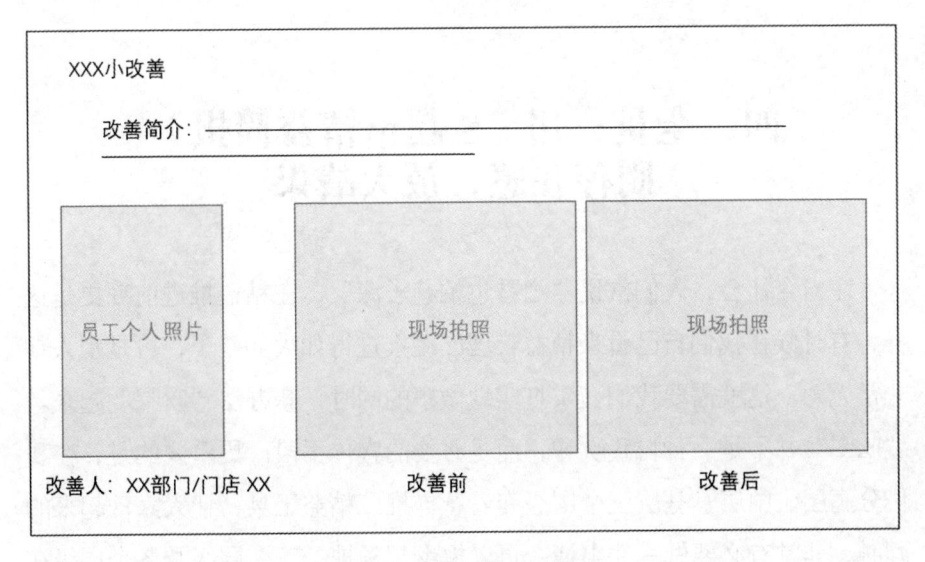

图 3-2 精益小改善模板

第三把火叫"树立榜样"。我们都知道榜样的力量是无穷的，特别是在"人海"中推进一件事情，榜样的力量更加不能忽视。我们的榜样从哪里来呢？自然是那些小改善做得多，又有几件能拿得出手的"最佳小改善"的一线员工。除此之外，如果该员工还非常健谈，且乐于分享，那就再完美不过了。对于这样的榜样人物，我们应当为他们提供更多分享改善经验、学习和交流精益知识与技能的机会。如果我们打算培养第一批精益对接人，也应当优先考虑这些榜样人物。只有让榜样成为一线员工心目中的"明星",让他们参与的改善活动成为一把尺子、一件模具,我们才算在一线播撒下了精益的种子,才能让小改善活动长久地坚持下去。

最后,有一点需要向大家说明,并不是所有的一线单位都会非常配合我们的精益推进工作。从现实角度来考虑,当我们实在没办法同时烧起"三把火"时,我们至少应当确保其中一把火可以烧起来,并且不可撼动地长期烧下去,这样才能确保基层有效动起来。

四、全员:用《S超市精益简报》刷存在感,放大战果

在当今社会,人们常说"酒香也怕巷子深",在精益推进前期更是这样,有时候在我们自己看来精益管理已经推进得如火如荼了,可是别人却非常无感。这就需要我们在实打实地做事的同时,想办法"吆喝"起来。"吆喝"并不是一种自我吹嘘,而是必要的宣传手段。更重要的是,在我们分高层、中层、基层三个层级变着花样推广精益工具,让大家动起来的同时,非常有必要做一件事情,可以提纲挈领地把三个层级及各个层级在做的事情、推广的工具串联起来,构成一幅完整的画面,形成一股合力。当然,这件事情一旦做好了,还可以帮助身处不同层级的人树立全局意识,更好地理解自己在做的、在学的。那么,这是一件怎样的事情呢?我们称它为《S超市精益简报》。

在最早决定推出《S超市精益简报》时,我们只是想通过某种渠道在全公司范围内宣传精益思想,介绍与精益管理相关的知识、工具、经典案例等。可是,当我们着手去做这件事情时,很快发现《S超市精益简报》能够承载的事情比预想得多太多了。比如,我们可以利用它宣传公司的精益政

策，邀请公司高管谈谈对精益管理的认识和期待，分享一些发生在身边的精益事件，介绍那些在精益实践中涌现出来的榜样人物，展示精益推进的阶段性成果，为大家正在参与的精益活动提一些建议、支几点妙招……

在综合所有需求之后，我们最终推出的《S超市精益简报》共有七个栏目：领导寄语、精益新动态、精益总动员、改善在身边、聚焦重点项目、风采墙、精益之窗（见图3-3）。其中，"领导寄语"栏目每期都会向公司高管约稿，请他们谈谈对精益管理的认识、思考，以及对公司推行精益管理的建议、想法、期待等。这也算是为公司高管提供了一条面向全员表达个人观点的通道。

图3-3　S超市精益简报

"精益新动态"栏目主要是新闻报道，分享近期各区部、职能中心开展的与精益管理相关的活动，主要是想告诉大家，有这么一批人正在做这样的一件事。当然，也有想对精益推进人员说"你并不孤单"的意思。新闻资料的收集和整理主要由精益对接人完成。在前三期的时候是我这个"编辑部主任"求着对接人，从第四期开始，待稿件逐渐丰富后，对接人开始反过来找我要版面了。

"精益总动员"是专门用来做精益知识与技能传播的栏目。我没记错的话，在第一期中我们介绍了精益管理的概念。

"改善在身边"是最受大家欢迎的栏目，因为里面分享的全是基层员工正在开展的精益小改善，除了天然的亲切感，绝大多数小改善都是可以在看过之后拿来直接用在自己门店里的。在这个栏目中，我们还会对精益管理推广过程中涌现出来的典型人物、典型事迹进行专门报道。我记得第一期简报中就报道了一位在东北区部推广精益的"达人"。

"聚焦重点项目"栏目相对高阶一些，分享的是全公司关注度较高的大型精益项目，算是对项目推进情况的定期披露。

"风采墙"是展示精益推动人员个人及团队风采的栏目。通过收集大家的风采照，我们发现，其实每个人都可以很"精益"。

"精益之窗"是一个外部视角，在该栏目中，我们会精选国内外标杆企业经典的精益管理案例，让大家开阔眼界、拓宽视野。

第一期《S超市精益简报》准备了一个多月终于正式推出了。接下来的几期，发布的时间实在不规律，短的两周就发布了一期，长的两个月都未必能出来。经过反复磨合，我们最终将《S超市精益简报》的发布周期明确为一月一期，固定成了精益月报。

这份S超市专属的精益月报，稿件全部来自19名精益对接人的供稿，以及我的约稿。向高层约稿、中层征稿，虽然也需要克服一些困难，但总体来看还是比较容易的。最难的其实是向基层征集精益改善案例。因为基层同事大多是"行动派"，做了很多，却未必能意识到这么做的价值，更别说进行成果整理了。这就要求我们的精益对接人在拥有慧眼的同时，还要具备一定的文字功底。

在最初的时候，为了鼓励精益对接人积极投稿，我只要求他们把看起来还不错的素材打包发送过来，由我担任稿件整理人的角色。可是这么做不但工作量很大，而且还需要进行频繁的沟通确认，甚至还出现过因信息不对称而造成的疏漏和错误。

为了把自己从繁杂的稿件整理工作中解放出来，也让精益对接人承担一部分审稿责任，使得基层能在发现精益成效、整理精益成果的能力方面快速得到锻炼和提升，我专门针对基层征稿设计了一张简易的改善案例收集表（见图3-4）。这张表是以前文提到的精益小改善模板为蓝本设计的，一线人员只需在改善前后分别拍两张有对比性的照片，然后按要求配上两段说明性文字，就可以轻松投稿。

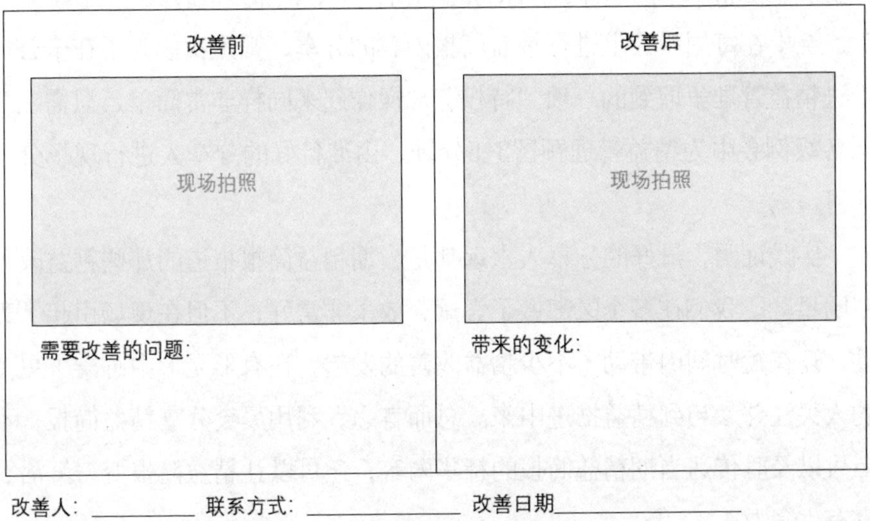

改善前	改善后
现场拍照	现场拍照
需要改善的问题：	带来的变化：

改善人：_____ 联系方式：_____ 改善日期_____

图 3-4　基层改善案例收集表

此外，为了保障《S超市精益简报》的内容供给，从一开始我们就将精益对接人供稿的时间固定在每月10日以前，无论当月是否发布精益简报，精益对接人都要按时供稿。正是由于对这个供稿机制的严苛坚持，才让《S超市精益简报》持续做了好几年。

那么，做好的《S超市精益简报》是怎么传播到公司各个角落的呢？我们采用了线上和线下双管齐下的方法。线上当然是以群发邮件为主。一般来说有两条路径：一是由我群发公司管理层；二是由我先发送至各精益对接人处，再由精益对接人在区部或者职能线条内转发。当然，如果有更多的线上渠道，那么传播效果会更好。至于线下传播，我们则推出了"精益角"，并利用每周的晨会进行精益简报内容的分享。

所谓的"精益角"其实是对公司各办公区及门店后台办公区原有的宣传栏、员工天地的再利用。只不过我们在现有的宣传栏、员工天地开辟出"精益角"，用于《S超市精益简报》张贴的同时，还为每个"精益角"明确一名维护人。作为"精益角"的维护人，职责只有一个，就是在《S超市精益简报》发布后，第一时间打印、张贴出来，并在简报残破后及时更换。

至于在每周晨会上进行精益简报内容的分享，则是我们为了在全公司推进精益管理争取到的一项"特权"。操作起来同样非常简单，只需在公司各级例会中为精益管理预留3~5分钟，由准备好的分享人进行现场分享即可。

实践证明，最好的分享人永远都是当期精益简报报道的那些精益改善"明星"。我们在多个区部做了尝试，效果非常好，不但在现场引起了轰动，还在短时间内带动了不少精益改善的发起，在有形无形中感染了更多的人关注并参与到精益推进中来。总而言之，利用晨会分享精益简报，不但可以及时传达当期精益简报的精华内容，还可以让精益简报变得鲜活、富有生命力。

《S超市精益简报》的成功推出不仅在精益推进组织和公司各个层级之间建立了极强的纽带，还在不断地放大着我们的精益推进成果。就以"改善在身边"栏目为例，每期精益简报的推出，至少会有5~6个非常优秀的精益小改善在全公司范围内得到推广。

小故事：是要数量还是要质量

  关于每期《S超市精益简报》最多只能推广5~6个案例这件事，有一位精益对接人还专门和我讨论过。按照他的理解，"改善在身边"栏目应当大幅度扩大版面，每期至少推广20个精益小改善。我问他："为什么？"他说："20万人的公司，一期才这么一丁点儿，说不过去啊，推广精益小改善当然是多多益善了。"我又问他："我们为什么要在全公司推广优秀的精益小改善？"他说："当然是希望大家照着做了。"我说："你终于说到点子上了，推广优秀的精益小改善，能让20万人照着做才是关键。"这时候他似乎也明白了，不再坚持自己的观点了。其实，在精益推进过程中，我们一直会遇到到底是要数量还是要质量的问题。当我们难以取舍的时候，最合适的做法就是认真地思考一下，数量或者质量到底在为什么服务？

第四章

推进（广阔战场）步骤1：明确主题和"抓手"

每次谈到明确主题这个话题，我都会想到《连线》（*Wired*）杂志创始人凯文·凯利的经典著作《失控：全人类的终命运和结局》。在该书中，凯文·凯利仔细研究了蜜蜂群体的协作方式，并把这种协作方式称为分布式管理。不知道大家有没有琢磨过，当我们经过启动阶段的努力，让全公司都因精益管理而动起来的时候，每个参与其中的精益人其实也是以矩阵式——这种自发的模式相互协作的。大家像蜜蜂一样忙碌，在自己的岗位上，按照自己的理解，为了更加精益而奋斗。当我们不加干预的时候，这种矩阵式协作看起来似乎是有序的、合理的，可是它并不能有效地为推动精益变革服务，更不可能帮助企业走向高质量发展的道路。因此，我们要设法在矩阵式协作之上实施方向性的干预。这就是明确主题的"抓手"之价值所在，它会让精益推进更加高效、方向更加明确。

一、找到最佳突破口：学会倾听顾客的声音

无论出于何种目的，当我们决定寻找一件事情的突破口的时候，我们其实是在寻找一个问题的答案：应当在什么地方使用巧劲？这个问题看起来十分简单，背后却隐藏着人类做事的智慧。无论是我们在前文中提到的20/80规则，还是阿基米德的名言"给我一个支点，我就可以撬动地球"，说的都是如何利用"巧劲"，让事情按照我们期待的方向发展。那么，在精益推进过程中，我们该在什么地方使用巧劲呢？

在这里，我想要和大家分享的一个观点是，只要我们把握机会，并掌握充足的资源，就可以在很多方面使出巧劲。

下面举三个例子，方便大家理解这个观点。

案例一：湖北某重型机械企业为了推进精益变革，决定实施一项重

大的人才战略——每年100名，5年时间培养出500名精益绿带，50名精益黑带。实施这项人才战略的好处有两点：一是最大限度地清除精益推进障碍；二是最大幅度地缩短精益变革进程。我们经常说"不换思想就换人"，该企业显然将这句话践行在了实处。从第一年的100名，到第五年的500名，随着时间的推移，这些重点培养的精益人才至少会进入企业的中层，并且对原有的中层干部进行自然的汰换。我们都知道，中层在企业运转中承担着上传下达的作用，是十分关键的一环。如果企业无法深入推进精益管理，那么问题往往出在中层。中层面对如火如荼的精益变革，一旦采取不认同、不改变、不习惯这"三不原则"，精益推进的阻力将异常强大。

面对这样的情形，企业通常的做法是加大精益培训的投入，通过持续、系统的培训来改变中层的认知，进而期待随着中层认知的改变，原有的壁垒逐渐瓦解。可是，这个过程显然是漫长而不可控制的。受此影响，企业完成精益变革的周期也会被不断地拉长，甚至变得遥遥无期。湖北这家重型机械企业对此显然早有预料。经过五年的时间，我们虽不敢说该企业的中层会被他们培养出来的精益人才全部汰换，但是可以肯定的是，该企业的中层至少会是一个认同精益理念，积极践行精益方法、工具的群体。这样的群体无疑会成为企业精益变革的中坚力量，也会自发地成为精益变革的"发动机"。

如此一来，该企业不但很好地清除了中层（甚至是高层，别忘了他们还培养了50名精益黑带）的推进阻力，还将企业完成精益变革的周期控制在五年内。至此，我们发现该企业其实在精益人才培养上使了巧劲，以小博大，釜底抽薪式地完成了精益变革。

案例二：这是某家外资咨询公司的设想，目前仅在国外有一些实践。如果我们经常去超市，就会发现超市各个货架上的商品更换起来其实是一件很麻烦的事情。针对这种情况，某外资咨询公司经过分析后提出了一个大胆的设想：如果有一个非常强大的数据处理系统，那么超市里的商品其实可以实现整版替换。什么是整版呢？就是那个强大的数据处理系统经过数据分析，以及对顾客购买行为的预测，以天为单位，在某个固定时间（比如凌晨两点）对超市里所有的货架进行整体更换。

这个想法虽然非常大胆，但它显然是精益的，因为它不仅以对购买端的精准预判为出发点，规范着销售端的行为，很好地践行着拉动理念，还最大限度地解放了店员的双手。事实上，作为超市的经营者，我们从来都不希望自己的店员只是一个搬运工、理货员，我们期待店员可以和进店顾客有很好的互动，对摆在货架上的商品进行必要且有效的促销。以前店员之所以没办法实现我们的期待，是因为他们要确保货架上有丰富的商品。随着"商品整版替换"方案的落地，店员必然会被解放出来，成为服务员、促销员。

我之所以提到这个案例，是因为我想和大家分享，企业在推进精益变革的过程中，也有可能先在硬件上突破（使巧劲），然后通过硬件的变革，反向拉动人员和管理的变革，从而完成企业的整体变革。就像该案例呈现出来的画面所描绘的那样，超市货架上的商品一旦可以自行更换、自行保持，店员的双手必然会得到解放，其工作行为也会随之发生变化，受此影响，店员在超市经营中扮演的角色也将发生颠覆性的变化。

案例三：这在前几年还算新鲜，现在基本上已经成了许多集团公司的普遍选择，那就是中心制的组织架构设计。什么是中心制的组织架构呢？就是把企业原有的总部职能和下属事业单位（区部）的职能进行工作重组，形成以服务提供、后台支撑为核心功能的中心制单位。我们常见的财物共享中心、人资行政中心、工程服务中心就是典型的中心制单位。中心制单位的建立并不是通过简单的工作梳理、职责的重新划分，或者只是下几道行政命令就可以完成的，它依靠的是对工作流的梳理和重新规划，也就是我们经常说的流程变革。当然，我们可以用价值流的梳理来完成这件事情。

总之，成立中心制单位只是表象和结果，其内在蕴藏的是企业新的工作流程的建立、新的工作习惯的养成。事实上，企业选择构建中心制的组织架构，除了想通过集约化运营来实现经营成本的大幅降低，还在追求高质量发展。我分享这个案例的目的是想让大家看到第三个可以使用巧劲的地方——组织。组织维持着企业的运营，是企业的"器官"和纽带。要想让企业快速完成精益变革，可以尝试推动组织变革，用"器官"和纽带的变革、更新去加速企业的新陈代谢，从而驱动企业整体机能的提升，甚至更新换代。

以上三个案例都是我们在掌握充足的资源且时机合适的情况下玩的"大手笔"（见图4-1）。如果能有机会参与到这样的"大手笔"中，那么大家无疑是十分幸运的。因为在正常情况下，作为精益推进人，我们掌握的资源十分有限，能遇到的机会大多也是自己设法创造出来的。在这样的情形下，我们该如何回答那两个问题，找到突破口呢？我们的经验就是从倾听顾客的声音入手，寻找企业经营中的薄弱环节，然后发力。

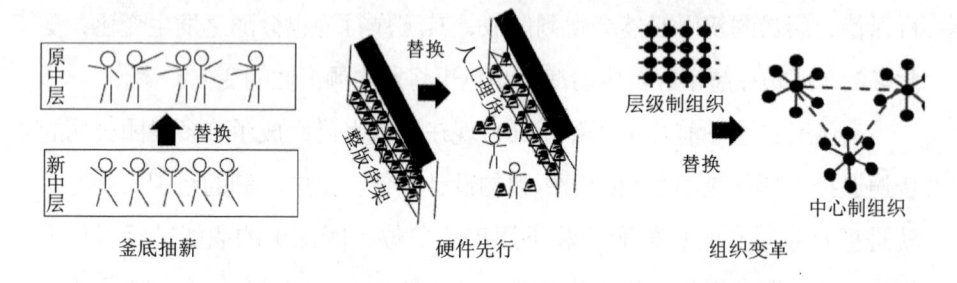

图 4-1　资源充足情况下的三种"巧劲"

顾客的声音（voice of customer，VOC）是精益六西格玛三大声音之一[其他两种声音分别是雇员的声音（voice of employee，VOE）和市场的声音（voice of market，VOM）]。我们都知道精益六西格玛是以"零缺陷"为追求的精益生产方式。一家企业要想达到六西格玛标准，它的出错率就不能超过百万分之三点四。精益六西格玛之所以关注顾客的声音,正是因为它想通过了解顾客的反应(或者说抱怨)来判断企业的六西格玛水平。我们打算从倾听顾客的声音入手,其实和六西格玛对顾客声音的关注是一致的,就是想从顾客的声音中听出我们现有的服务缺陷和机会点。

在正式开始倾听顾客的声音之前,我想先向大家介绍一个工具,即实施六西格玛改进的重要工具DMAIC。

DMAIC共分为五个步骤,即定义(define)、测量(measure)、分析(analyze)、改进(improve)、控制(control)。在我们倾听顾客的声音,寻找突破口的过程中,只需要用到前三个步骤。接下来,我依照DMAIC的次序,和大家一同回顾整个过程。

D——定义,一般的理解是需要定义清楚顾客的需求。其实,在我看来,我们不光要定义清楚顾客的需求,更要弄清楚什么人(部门、单位)才是我们的顾客。关于顾客的定义,通常有狭义和广义之分。狭义的顾客就是购买我们的产品、为我们的服务买单的那些人。而广义的顾客则一般会被界定为一个流程节点的上游和下游。什么是流程节点呢?抛开流程管理的专业知识不讲,流程节点可以简单地理解为我们在某个时刻正在完成的某项工作。那么,这项工作的任务(指令)下达方,以及完成这项工作后会影响到的那些部门、那些人,就是我们这个流程节点的上游和下游。大家应该能看出来,我们通过倾听顾客的声音寻找精益推进的突破口,在一定程度上其实是一个广撒网的过程。因此,我建议大家尽可能地扩大顾客的范围,无论是狭义的顾客,还是广义的顾客,都应该纳入我们倾听的范围。当然,这些顾客汇聚到一起后,也可以把他们划分为内部顾客和外部顾客。

知道了顾客是哪些人后,需要回到D(定义)阶段的初衷,认真思考顾客到底有着什么样的需求。作为零售实体,外部顾客自然是那些每日进店购买商品的客人。这些客人有什么样的需求等着满足呢?我想大概包括这几个方面:品种齐全且质量过关的商品;便捷舒适的购物环境;周到热情的服务；合理承受范围内的购物成本。而内部顾客则有些大同小异，正是那些在日常工作中和我们打交道的同事，既有我们的上级、下级、平级，也有需要跨部门协作的其他部门的同事。这些人对我们有什么样的需求呢？其实可以概括成两句话：① 保质保量地完成工作任务；② 按时交付工作成果。

M——测量，测量什么呢？当然是测量我们对内、外部顾客需求的满足程度了。说到测量顾客需求的满足程度，大家可能会觉得这样的测量过于感性，也就是说，大家可能会觉得这样的测量很难量化。事实上，并不是这样的，在精益的世界里，只要我们愿意，凡事皆可以量化。举个例子，要测量外部顾客对超市服务的满意程度，通常的做法就是神秘顾客打分评价。我们可以通过持续观测某家门店的神秘顾客打分结果，去追踪和评价该门店的服务能力。

同样地，如果我们想要了解内部顾客对我们所提供的服务的满意程度，则也可以设计相应的表格去持续打分，并观测分值的变化，以此来做出判断。当然，基于内部顾客对我们的需求，其实我们只要在一定的时间段内有意识地记录每项工作成果交付时顾客的反应，以及工作质量、交付时间等信息，就会对顾客的需求满足程度有所判断。

A——分析，是我们寻找突破口的关键阶段，也是我们做前面两个阶段那些工作的目的所在。在正常情况下，通过测量，我们会发现自己在内、外部顾客需求满足上存在许多短板。这些短板是我们本该做到而没有做到的（或者说我们本以为自己能做到而实际却没有做到的），也是我们所在公司经营、运作中必须突破的瓶颈。

就像我所在的国内零售TOP 1，经过多年的发展，本以为在运营方面已经走在整个行业的前列，却发现顾客一直在抱怨的收银结算等待时间过长的老大难问题始终没有得到有效解决。我们都知道，顾客进店购物后，最直接的想法一定是尽快离开超市，可是在21世纪第二个十年早期却普遍因为收银效率较低，经常性地被迫滞留在超市里，排着长长的队伍，浪费着不必要的时间（随着智能收银系统的普及，以及线上购物对顾客的大量分流，这种情况在21世纪第二个十年最后几年里已经彻底得到了解决。现如今进入实体超市购物，在正常情况下，已经很难再看到大排长龙的盛况了）。

内部顾客的需求难以满足，经常体现在沟通不顺畅、沟通成本过高、工作质量长期达不到要求、交付时间经常性滞后、工作成果缺乏创新，以及部门之间缺乏协作、相互推诿等方面。这些影响企业运作效率的方方面面都可以成为我们在精益推进过程中予以重点突破的地方。

我们将DMAIC工具运用到第三步时，已经完成了对顾客的声音的倾听，也找到了最佳突破口。也就是我们已经明确了在资源有限的情况下，深入推进精益管理可以使用巧劲的地方。

那么，面对这些潜藏于不同角落的"最佳突破口"，我们该怎么实施突破呢？我们需要继续运用DMAIC工具。

二、找准机会人群：以消除浪费为视角挑选机会人群

I——改进，就是针对A阶段发现的问题，采取改善措施。如果说我们所有的努力都是为了满足内、外部顾客的需求，那么我们在I阶段要做的就是想办法突破那些瓶颈，最大限度地缩短实际服务能力和顾客需求之间的差距。这时候，新的问题产生了：到底该由谁来想办法突破那些瓶颈呢？其实，绝大多数人的第一反应都会是：这个活儿不是精益推进小组该干的吗？但是，俗话说"浑身是铁能打几颗钉"，仅仅依靠精益推进小组的力量去突破企业存在的所有问题，不但耗时巨大，而且也几乎不可能实现。那些等

着我们使巧劲的最佳突破口就好比一颗颗大小不等的洋葱，这些洋葱隐藏在企业经营中的各个环节，要想剥开它们，首先要走进相应的经营环节。精益推进小组虽然实现了对企业的全面覆盖，但是要想像该环节的具体作业人员那样做到彻底深入，其实并不容易。因为最难克服的障碍从来都不在技术层面，而在于时间的积累和经验的沉淀。这是精益推进小组构成人员永远都无法具备的优势，莫不如把现场的问题交给现场的人员去解决。

另外，别忘了，我们倾听顾客的声音，寻找最佳突破口，以及采取改善措施的目的都是深入推进精益管理，借助精益的力量给企业带来一场变革。从这个角度来讲，由精益推进小组单打独斗，去突破企业的瓶颈也是不合适的。我们需要的是更广泛的参与，而不是自嗨。说得更直接一点，这些瓶颈应该通过企业上上下下共同努力去突破。

这么一说，大家可能会想，既然如此，根本没必要去明确责任人，让大家自发地在日常工作中突破这些瓶颈不就好了吗？虽然这么想没有错，也不是不可能突破那些瓶颈，但是这样的突破其实是失控的，也是漫长且无法达到任何预期的。从本章一开始我们就在探讨如何使用巧劲，在I阶段我们同样需要设法使用巧劲，因为使用巧劲不但可以事半功倍，缩短事情原有的进程，还可以让所有的改进都处于受控之中。

因此，我们需要寻找合适的机会人群去实施改进。

那么，这样的人群应该去哪里寻找呢？大家都知道，企业的经营其实是创造价值的过程。在这个过程中，价值在流动，信息和物料也在流动，在正常情况下（或者说经营效率高的情况下），价值流、信息流、物料流的流动应该是不会受阻的。我们之所以通过测量发现了那些瓶颈和最佳突破口，从根本上讲是因为价值流、信息流、物料流在流动中遇到了阻力。会有什么样的阻力呢？具体问题具体分析，阻力显然是五花八门的。不过，如果大家细心观察（或者合并来看），则会发现有一种阻力一定是所有瓶颈共有的，那就是浪费。

浪费是精益管理中非常重要的一个概念，许多著名的精益改善措施和机制都是围绕消除浪费设计的。我们要寻找的机会人群正是可以在各个瓶颈处消除浪费的人群。基于此，我们要寻找这些机会人群，也应该从识别浪费开始。

丰田生产方式的创始人大野耐一将浪费界定为不能创造附加价值的所有行为。在该理论框架内，浪费被分为七种类别，即生产过剩的浪费、库存的浪费、不合格品的浪费、动作的浪费、加工的浪费、等待的浪费、搬运的浪费。

生产过剩的浪费原意是指由于生产进度提前造成的浪费。那么，什么是生产进度提前呢？生产进度提前是指企业由于担心机器故障、不合格品及员工缺勤等状况的发生，为了确保可以准时满足客户的需求，从而不得不在一定时期内生产出比客户实际需求多出许多的产品的情形。由生产进度提前导致的浪费往往是巨大的，包括对原材料的提前消耗，人力生产设施的过度浪费，额外的存储空间，不必要的搬运、管理成本，以及被迫购置更大功率的生产设备等。

该类浪费显然涉及生产过程中的方方面面，看起来也有些纷繁复杂，但是究其根本，主要是由如下观念引起的：

- 各道工序大家各顾各的，缺乏整体考虑。
- 所有参与其中的生产经营环节只注重自身效率的提高。
- 大家一环逼一环，进行着毫无意义的效率竞赛。
- 心中只有自己，缺乏对客户更深入的了解。

大家应该可以很明显地看出来，这些引发浪费的观念非常具有普适性，也是我们借鉴"生产过剩的浪费"这个概念的重点所在。

举个例子，零售业有一个高频词汇叫"压货"，描述的是商品买手将自己认为有可能畅销的商品不断地往门店里调拨，从而导致某个单一商品在门店后台仓库里大量积压的现象。当然，买手的出发点肯定是好的，不断地压货，其实是在不断地给"畅销商品"提供更多的销售机会，从而为公司创造更多的利润。

但是，从实际结果来看，往往是压货越疯狂的越容易滞销。为什么呢？第一，买手的判断是否精准值得商榷。第二，一家门店的辐射范围是有限的，受此影响，进店购物的顾客的购买能力也是有限的，当达到某个极限销量后，如果再继续压货，则势必会滞销。第三，商品调拨是一盘棋，在一段时间内往某几家门店里不断压货，肯定会导致其他门店断货，商品断货其实是销售机会的浪费。第四，单一门店里的货架资源也是有限的，那些被"压"往门店的商品也不可能全部被摆在货架上销售（等待它们的恐怕只有清库存）。

通过以上分析，大家的反应往往觉得压货是一种浪费。可是，它属于哪种浪费呢？这个案例能在这部分内容里出现，答案肯定是生产过剩的浪费。但是，单从表面来看，压货和生产过剩之间似乎没有什么关联。这时候就需要我们回到引发生产过剩这种浪费的观念去思考这个问题。那么，压货有对商品销售所有环节的整体思考吗？显然没有。买手、物流、门店是不是只重视自身效率的提高？显然是。如果其中任何一个环节能多想一点，那也不会发生这样的事。压货的过程是不是从买手到物，再到门店，大家进行着毫无意义的效率竞赛？答案也是"是"。如果不是，那么我们应该想象一下，那些"畅销商品"是怎么在最短的时间内被压到门店里的？

另外，买手是否心中只有自己，缺乏对客户更深入地了解？在前面我们探讨过，内部顾客就是我们工作的上下游环节。那么，门店作为买手压货商品的接收方，自然是其很重要的内部顾客。根据我的经验，绝大多数买手都是多年的老零售，对于门店的经营再熟悉不过了。如果说他们没有更深入地了解顾客，那实在说不过去。不过，买手压货却是另一种形式的"缺乏更深入地了解"。这种形式的"缺乏"就像在一根直流电线中间加了一块绝缘板一样，属于暂时性的"缺乏"，或者说是屏蔽性的"缺乏"。事实上，买手压货的关键点在于，他们不是不熟悉门店，而是没有在做决策时回归常识。他们只要看看近期的销售数据，回想一下一件商品是怎么在门店里被销售出去的，应该就不会犯这样的"低级错误"。基于此，第四个问题的答案也是"是"。

四个引发该类浪费的观念全部具备，谁又能否认压货不是一种零售行业的生产过剩呢？之所以把生产过剩这种浪费展开来说，还说得这么详细，是因为我想给大家打个样，告诉大家当我们在自己的公司里对最佳突破口做浪费识别时，千万不能生搬硬套，而应该对浪费行为做深入思考，看看是什么样的观念引发的浪费。如果想与七大浪费做对应，则也应当以"浪费观念"为媒介。

回到寻找机会人群本身。当我们对压货这个最佳突破口（假设它是通过D，M，A三个阶段发现的）做完浪费识别后，接着就需要把压货的大致流程描绘出来。也就是画一个简单的流程图（见图4-2），看看到底都有哪些人参与其中，以及各自发挥着怎样的作用（很可能是反作用）。

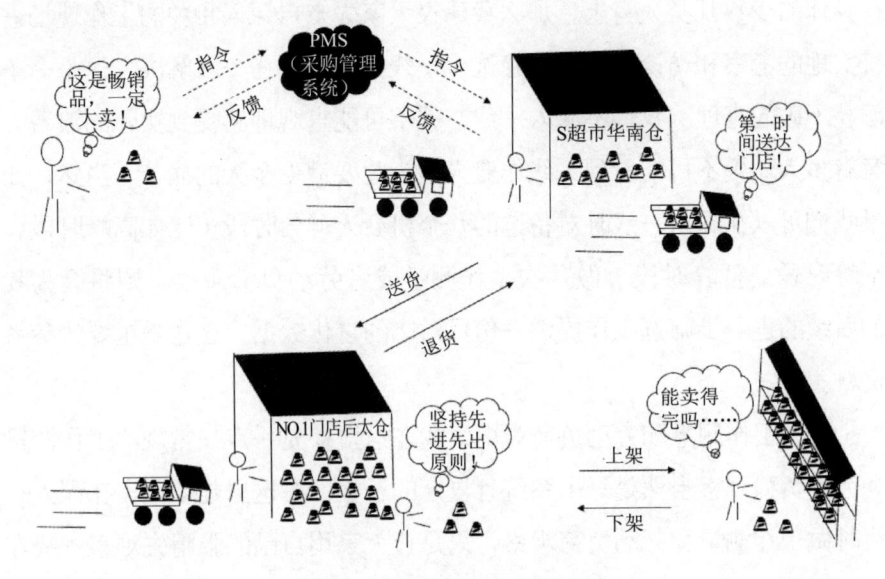

图4-2　超市压货的大致流程

这么做的好处在于，既可以记录浪费识别的成果，也可以让下一步——寻找机会人群更加直观。

通过绘制流程图（大家也没必要像我这样画得这么细致，只要能把浪费产生的过程大致呈现出来就可以了），我们会发现，在压货的过程中，潜在的机会人群有商品买手、物流调拨人员、超市仓管、理货店员（并非专职，只是被临时抽调去理货的店员）。之所以是这四类人，是因为他们是压货过程中"最容易受伤"的人。就说发出压货指令的商品买手吧，自己明明看好的畅销品为什么会频频滞销？遇到这样的问题，买手难道不痛苦，不想搞清楚原因，不想改变现状吗？同样的道理，反复地做物流调拨，反复地出库入库，反复地上架下架，都会让相关的作业人员不胜其烦。这样的作业人员改变现状的意愿最为强烈，绝对是我们推动精益变革的不二人选。

另外，如果我们觉得通过流程图框选出来的机会人群还不够聚焦，或者说精益推进小组的精力不足以做更大范围的覆盖，需要把机会人群明确在具体的少数几类人身上，那么我建议大家先亲自深入相关的工作现场进行实地的考察和访谈，再进行筛选。一线的问题要在一线解决，这是一条颠扑不破的真理。我们不深入一线，就不可能直观地感受到实际的浪费究竟有多大，更不可能看到一线作业人员为此要遭受多大的痛苦。当然，如果我们可以在深入一线时对备选的几个机会人群分时段（比如高峰时段、平峰时段、低峰时段）做几次工作测量或者劳动负荷观察，则将会为我们后续的进一步筛选工作提供一份可对比的量化数据，这也是重要的参考资料。

说到工作测量和劳动负荷观察，我在这里补充一点。常规的工作测量和劳动负荷观察当然是一个系统且复杂的过程。在这里建议大家在深入一线时做工作测量和劳动负荷观察，只是让大家用自己的眼睛去观察一线作业人员具体的工作情况，用手里的笔去做一些必要的记录而已。那么，这种简单的测量和观察应该怎么操作呢?

第一,建议大家在深入一线前,对即将观察的岗位的工作内容有一个简单的了解,最好能把拟观察岗位的拟观测工作内容分解成几个步骤(或工序)。第二,制作一张简单的表格(可以命名为"××岗位××工作观测表"),把这些步骤预先填写进去,在表头处写上"移动距离""所需时间""涉及物料"等基本的观测内容(见图4-3)。第三,打印表格,携带至工作现场,现场观察、测量、访谈,现场填写表格。

部门:_____ 岗位:_____ 工作内容:_____ 观察日期:_____

工序/步骤	移动距离 (单位:米)	所需时间 (单位:分)	涉及物料 (单位:件)	备注
1. XXX				
2. XXX				
3. XXX				
4. XXX				
5. XXX				

图4-3 "××岗位××工作观测表"模板

以七大浪费中的生产过剩的浪费为例,我已经将通过浪费去识别、框选机会人群的方法和大家分享完了。接下来,我打算将隐藏在其余六大浪费背后的观念逐一向大家呈现出来,方便大家有针对性地开展浪费识别。

引发"库存的浪费"的观念:

· 只有最多的产出,才会带来最大的回报。

· 只要我们无法满足客户的需求,就会失去这个客户。

· 对客户及时响应,客户的需求高于一切。

· 安全感来自充裕的存货。

引发"不合格品的浪费"的观念:

· 合格概念模糊,对质量要求不严格。

- 成本意识淡薄。
- 结果导向，缺乏有效的过程管理。
- 没有检讨的勇气，不敢承担责任。
- 缺乏总结失败经验的习惯。

引发"动作的浪费"的观念：
- 分工不明确，作业标准不统一，缺乏有效的作业规范。
- 流程烦琐，工序复杂，工序设计不合理。
- 能力越大，责任越大，管控幅度过大。
- 层层审批，反复把关。
- 缺乏有效的工作支持机制，想当然地以为某个员工在某个岗位干久了就能胜任。

引发"加工的浪费"的观念：
- 工作标准越高，产品质量越好，客户越满意。
- 多一个人把关，就少一分出错的可能。
- 工序越烦琐，工作产出越精细。
- 精致主义。

引发"等待的浪费"的观念：
- 时间观念差。
- 缺乏协作意识。
- 不懂得换位思考。
- 以自我为中心。
- 工序设计不合理。
- 信息不对等，传输不顺畅。

引发"搬运的浪费"的观念：
- 缺乏整体的工作规划，或者工作规划不合理。
- 业务边界不清晰，主责部门不明确。

- 工作灵活性过大，缺乏作业标准。
- 工作支持机制存在重大缺陷。

特别说明一下，工作支持机制是对保障工作可以正常开展的工具、方法、技能、知识、规章制度等的统称。它既可以是一件有形的物品，也可以是一项无形的本领，还可以是一种协作关系。只要能为工作正常开展提供支持或辅助的人、物品（有形的、无形的），都可以成为工作支持机制的一部分。

到这里，我们已经将DMAIC的"I"讲解了一半，找到了"改进"的实施人。接下来，我们将继续讲解"I"的另一半，实施改进。

三、找对机会点：在现有工作中寻找改善机会点

当我们开始实施改进的时候，其实已经从策略层面到了战术层面。所谓的战术也没有那么复杂，就是怎么用最快、最好、最省事的方法消灭"敌人"。当然，我们的敌人就是那些等着我们去突破的"最佳突破口"。在这里有必要将"最快、最好、最省事"解释一下，这也是我们在该阶段必须掌握的原则。"最快"，强调的是在最短的时间内解决问题。事实上，快和慢永远都是相对概念，因此，我们在追求"最快"时，其实是想让大家选那些同等条件下耗时相对较短的方法，而不是把一味追求最短的时间作为取舍原则。

"最好"，什么才是最好的方法呢？在推进精益管理的过程中，"最好"的标准只有一个，那就是可以推动企业的精益变革。无论是从大处还是从小处着眼，只要这种方法可以为企业的精益变革做贡献，那它就是好

方法。"最省事"在这里大约等同于精益的概念，即以最少的投入获得最大的产出。不过，之所以没有强调"最精益"，是因为我想和大家分享，在精益之外还有一个概念叫"自发"。简单来说，我们追求的"最省事"是在追求自发的、机会人群自主开展的精益活动。

那么，"最快、最好、最省事"的方法在哪里呢？当然在机会人群的日常工作里。事实上，我们在推进精益管理的过程中，一直都需要搭顺风车。号召机会人群在日常工作中寻找改进机会点，就是不想让大家因为精益而去精益、为了推动精益管理而启动很多专门的项目。这样的项目推动起来虽然轰轰烈烈，可以闹出很大的动静，但是从长远来看，项目成果很难被保存下来。我们真正需要的是那些发生在最佳突破口的，由机会人群实施的日常化的、点滴的改进，这种改进在有些情况下甚至是很难被察觉的。可是，它们一旦被有意识地、成规模地实施起来，能够为企业带来的变革往往是惊人的。

为了帮助大家加深印象，接下来，我分享一个案例。

S超市华南区某家门店的商品损耗过大。该门店为了彻底解决这个问题，在精益推进期间，专门成立了一个名为"降低日常经营性损耗至0"的项目组，并且安排专人推进该项目。什么是商品损耗呢？简单来说就是商品还没来得及卖给客户，就在门店里变成了残次品（甚至还有可能莫名其妙地消失不见），从而导致经营成本增长的现象。大概从有零售业开始，门店就在与消除商品损耗作战。这个项目如果做得好，当然非常具有推广价值。因此，精益对接人在知道了这个项目后，很快就将该项目报到了我这里，并且希望我能去门店几趟，帮大家提一些项目推进的建议。盛情难却之下，我来到了这家门店，在后台的小会议室里见到了项目组的六名同事。

这六名同事向我介绍了项目的整体规划，概括起来大致分为如下四个步骤：① 通过访谈和观察找出造成商品损耗的原因；② 针对不同的损耗原因，制定不同的防止损耗发生的措施；③ 经小范围试点后，在整个门店里推广；④ 为了保障相关措施可以长期保持，发布一项奖励制度，持续奖励损耗最低的单位。从项目规划的角度来看，这个项目的推进节奏还是非常合适的，解决问题的思路也很清晰，项目着眼点也很长远。只是，这样做能彻底解决这家门店面临的问题吗？

我问项目组的第一个问题是：造成商品损耗的原因大家难道不知道吗？听到这个问题，只有项目经理还保持严肃、认真的表情，其他五名同事几乎同时笑了。其实，对于商品损耗问题，零售业早有研究，总结起来无外乎保管养护不善、装卸搬运不当、管理制度不严格这三类。并且针对这三类造成损耗的原因，公司是有明确的防损规范和指引的。说到底，项目组费了这么大力气，不过是对公司的防损制度予以强化而已。那么，项目组的六名同事是在做无用功吗？

从实际效果来看，并不是这样的。通过这个项目，项目组完全可以帮门店找出造成商品损耗的具体原因和具体责任人，通过强化或者细化公司的防损制度，也可以在一定时间内降低门店的商品损耗。毕竟责任到人，加上更明确的规章制度，再加上激励机制的辅助作用，改善效果一定是有的。另外，这样的降低商品损耗项目，或者类似的公司已经有了明确规定，却在规定执行层面进行改进的项目，规划起来不都这样吗？先找问题，再制定改进策略，最后实施改进，并设法强化、固化。实际上项目组的规划没有任何问题，问题的关键在于"彻底解决"这四个字。要想彻底解决商品损耗过大或者类似的问题，就不应该用项目的方式去实施改进。

我问项目组的第二个问题是：大家对损耗过高这件事怎么看？这时项目经理和五名成员同时激动了起来。他们说来说去，意思很明确，对于商品损耗过高的问题，人人都很生气，并且想改变现状。听到这个回答，这回轮到我笑了。我告诉项目组，既然大家都很激动，都想做出改变，为什么不想办法让大家动起来呢？

让所有店员自发地动起来，这是项目组从未考虑过的问题。经过短暂的沉默，项目经理问："鲁老师，店员都动起来，损耗过高的问题就能彻底解决吗？"我又问："损耗是由谁造成的？"项目经理不假思索地说："大家。"大家是谁？大家不就是所有店员吗？只要所有店员都把降低商品损耗当成一件事，都在工作中想方设法地避免造成商品的破损、散失、丢失（见图4-4），门店的日常经营性损耗还会很高吗？答案不言而喻。项目经理听完，很快就和五名成员开起了小会。

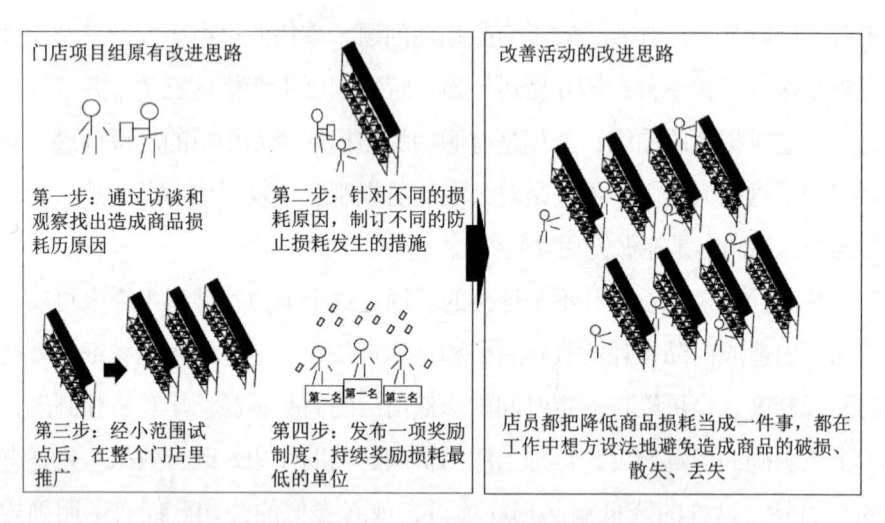

门店项目组原有改进思路	改善活动的改进思路
第一步：通过访谈和观察找出造成商品损耗历原因	店员都把降低商品损耗当成一件事，都在工作中想方设法地避免造成商品的破损、散失、丢失
第二步：针对不同的损耗原因，制订不同的防止损耗发生的措施	
第三步：经小范围试点后，在整个门店里推广	
第四步：发布一项奖励制度，持续奖励损耗最低的单位	

图4-4 两种改进思路

聊完这个案例，相信大家对由机会人群实施的日常化的、点滴的改进已经有了基本的认识。接下来我们探讨一下，这样的改进如何实施，以及在实施中应当注意哪些事情。

虽然我们针对的是机会人群，但是也不能盲目地实施改进。点滴改进缺的不是方法，而是方向。我们不妨把机会人群中的每一个个体都看成一股力量，当我们不加干预、不指出明确的方向时，这些力量显然是松散的，很难达到"劲儿往一处使"的效果。那么，应该怎么调动这些力量，并且确保它们往一个地方使呢？在这里我要向大家介绍一下有主题的改善活动，也是我们当时经常使用的方法。

其实，这类活动在前面也介绍过，比如办公室5S、精益小改善。如果换一个角度来看，那么我们只是把办公室和门店的改善活动的主题分别明确为5S和精益小改善，并且做了有针对性的引导。大家了解过全面的内容，对有主题的改善活动应该不会陌生。在这里我只想和大家分享三点：① 活动主题要能引起机会人群的共鸣；② 活动参与门槛应当降到最低；③ 活动不能失控。

一提到共鸣，大家也许会想到高山流水遇知音那个典故。事实上，要引起别人的共鸣并没有那么高的要求，只要你能打动对方，打动机会人群就好。怎么打动机会人群呢？最基本的，我们的主题应该是机会人群感兴趣的；再高要求，我们的主题要能调动起机会人群的积极性；更高要求，我们的主题可以让机会人群热血沸腾。当然，这些都是建立在换位思考的基础之上的。举个例子，如果我们的机会人群是送餐员群体，那么我们的主题至少应当和送餐相关；再好一点的主题应当和送餐及相关工作场景有很强的关联；最好的主题很可能要直击送餐员的内心，比如奋斗可以改变命运等。

关于降低活动参与门槛这件事，我已经不是第一次和大家分享了。之所以反复提到这一点，主要是因为我们面对的并不是一两个人，而是某个庞大的群体。要想确保某个群体中的每个成员都能参与到我们的改进活动中，除了使用强制性手段，最好的办法就是降低活动参与门槛。这就好比，如果我们要问某个社区里的所有住户"1+1=？"，那么，在正常情况下，所有住户应该都能回答上来；如果我们把问题的难度提高到"1+1×1=？"，则很容易淘汰一部分不懂乘法的住户（虽然1+1和1+1×1的计算结果都是2）。

那么，怎么降低活动参与门槛呢？有以下两种方法。

方法一：在机会人群原有的工作内容中挑选与活动主题相匹配的内

容。举个例子，如果我们的最佳突破口在物流运输环节，机会人群是分拣员，改善活动的主题是"提高分拣效率"，那么，最合适的改善活动应该是从提货、分拣、打包、发货、复核、装车等分拣员的日常工作环节中选择与最佳突破口关联度最高（或者对最佳突破口制约最严重）的内容。

方法二：设法让活动标准化。标准化是精益管理中不容忽视的理念。在精益的世界里，没有什么事情不能标准化。只要我们细心拆解，任何事情都能分出1，2，3，4。艾伦·麦席森·图灵最伟大的地方在于他将人类思考、决策的过程拆分成若干环节，并且利用计算机技术将其模拟出来。极度抽象的思考过程都可以标准化，我们的改善活动自然也可以。标准化的好处不仅在于让事情的结构变得更清晰，还在于有效降低了执行成本，放在我们的改善活动里，那就是参与成本。

那么，机会人群参与改善活动的成本主要体现在哪些方面呢？首先是理解成本。也就是说，机会人员会因为无法理解我们的改善活动（包括活动目的、活动内容、活动规则、参与形式等）而选择放弃参与，或者在参与过程中效果大打折扣。其次是互动成本。机会人群一旦参与到改善活动中，就会与改善活动的方方面面发生互动，这些互动其实是有成本的，显性方面的互动成本包括为此投入的时间、物料、资金等，隐性方面的互动成本包括他们的个人精力、参与热情、活动期待、对活动组织方的信任度等。更高的互动成本势必需要机会人群投入更多的时间、物料、资金、精力等；反之，则投入相对较少。

标准化的好处在于它在理解和互动层面具有一致性。什么是一致性呢？就是大家面对的是同样的东西（并且是已经清晰地分解出了1，2，3，4的东西）。这样既有利于大家在活动的理解上达成共识（即使无法在短时间内达成共识，也可以制作统一的宣传材料，集中宣贯，推进共识的达成），也有利于在活动开展过程中利用规模效应集中投入互动资源，将互动成本降到最低。

以上介绍的这两种降低改善活动参与门槛的方法，大家既可以视实际需要分开来用，也可以组合使用。如果非要说这两种方法有什么区别，那么方法一适用于参与门槛本身就不高的改善活动，而方法二适用于虽然有一定的参与门槛，但是必须开展的改善活动。

彼得·德鲁克说过，管理的本质是为了提高效率。一件事情有没有被管理，最大的区别就在于事情推进效率的变化，正常来讲应该是效率的提升。我们在机会人群中间开展改善活动，从本质上讲是在实施一项干预性的管理活动。从这个层面来讲，最基本的要求应当是改善活动全程处于干预中——正向的干预、高效的干预中。如果改善活动脱离了我们的干预，那么，它的开展效率将不会受到我们的影响，方向势必发生很大的偏差。因此，改善活动是不能失控的，否则不能称为改善活动。

要让改善活动处于受控中，方法有很多种，最常见的就是定期关注进度，经常性地深入工作现场，以及设定活动的阶段性目标、里程碑等。总之，改善活动一旦启动，就不能少了精益推进人的身影。

针对改善活动的实施，除了不能盲目，还有一点就是要有即时激励。即时激励源自市场营销中的利益即现法，强调的是对付出的及时肯定。我们开展精益改善活动，面对的是数量众多的机会人群，具体的改善活动也可能百花齐放，但是有一点是存在共性的，那就是改善活动做得好总能产出一些成果。在产出这些成果后，我们是等到改善活动彻底结束后集中奖励，还是当时就给予相关个人肯定呢？最好的奖励自然是及时肯定。

另外，请大家特别关注，我们开展改善活动的最终目的并不是收获那些改善活动的成果，而是对最佳突破口的成功突围。单一成果的产出只是一个过程，单一成果的不断产出才是我们需要的，因为它们会形成一股力量，不断地冲击最佳突破口，最终实现彻底突围。从这个角度来讲，即时激励更能激发机会人群参与改善活动的热情，也更能保持和凝聚那股变革力量。

关于即时激励的形式，我个人建议应以精神激励为主，以物质激励为辅。我们当时的做法是制作了一些专属徽章，并在徽章上标明"改善达人""精益标兵"等字样。当机会人群取得了相应的改善成果后，我们会通过精益对接人把这枚独一无二的徽章授予他们。在专属徽章授予环节，精益推进小组会集中组织，或者要求精益对接人在其所在单位集中组织专场的徽章授予仪式。在徽章授予仪式上，我们会邀请公司高管或者机会人群所在单位的领导干部亲手为获奖人员佩戴徽章。此外，还有获奖人员的改善活动介绍和个人心得分享。从实际执行情况来看，每当总部精益推进小组向某位同事授予专属徽章时，其所在单位都会给予一笔奖励或者一份礼品。

关于针对机会人群的改善活动如何开展就介绍到这里，我们的DMAIC工具也完成了I阶段，即将进入C阶段。C阶段，也就是控制阶段，将如何推进呢？我们在下一小节和第五章中将有具体的讲解。

最后特别说明一下，我们强调针对机会人群应当开展改善活动，只是认为机会人群具有数量庞大、改进机会点分散等特征，精益改善活动相对实用一些，并不是否认项目性改进活动的价值。事实上，企业要想实现精益变革，必须整合资源开展许多精益项目。关于精益项目如何开展，我也会在稍后章节中和大家分享一些心得和经验。

四、尝试提炼主题和口号：
打造专属的精益精神

精益精神本来是一个很大的话题，但是在这里还是想和大家谈一谈。为什么呢？因为机会人群具有数量庞大、改进机会点分散这两个特征。总

第四章 推进（广阔战场）步骤1：明确主题和"抓手"

结起来只有一句话：我们面对的是非常广阔的"战场"，在这个"战场"上必须有统一的号令和相似的精神追求，才可以确保各个作战单位在作战方向上保持一致，进而大幅提升作战效率。

那么，精益精神应该怎么打造呢？从宏观层面来讲，当然是先将精益管理追求的那些东西融入企业现行的文化之中，成为企业鼓励和倡导的文化的一部分，然后通过企业文化的宣导渠道和手段，使之覆盖到各个角落，融入企业每一位员工的日常行为之中。这是精益精神在企业内大行其道的最佳状态。然而，实际情况却是，企业文化本身要想得到彻底贯彻也需要一个漫长的过程，更别说"搭顺风车"的精益精神了。因此，即使我们已经在高层推动了精益精神和企业现行文化的融合，在广阔战场上推动精益改善的时候，还是很难在短期内借到"精益精神"的东风。面对这样的情形，我们该怎么办呢？有没有不用等的精益精神快速打造方法？这才是我们探讨的重点。

精神元素不会是空穴来风，它来自人们的实践活动。更进一步讲，精神元素可以从优秀实践中提炼出来，并且在更大范围内予以推广。

这就为我们提供了一条提炼精益精神元素的思路——从优秀的精益实践中提炼出我们所在企业的精益元素。

那么，我们的精益实践是怎样的呢？沃尔玛创始人山姆·沃尔顿说过：零售就是细节（retail is detail）。注意细节，在细节处做到极致，在细节处打败竞争对手，细节决定成败，注意服务的细节，于细微处感动顾客……这些都是零售企业一贯的追求，也是任何零售企业潜移默化的企业文化。我所在的企业本身就有这样的企业文化，更重要的是，我们在推进精益改善活动的过程中会发现优秀的精益实践往往是在细节处做了改善，而那些最佳突破口往往是在细节处做得不尽如人意，甚至束缚了企业的发展。

基于此，我们很容易地从精益实践中提炼出一个元素：细节。

零售企业作为劳动密集型企业，除了用工成本所占比重较高，还有一个硬伤——日常经营性损耗过大。就拿我们逛超市时经常见到的购物小票为例，如果不加以节约，那么单是小票纸和油墨就是一笔很大的浪费。另外，通过对发生在最佳突破口的那些改善项目进行统计，我们也发现将近90%的项目都跟节约有关。因此，节约——这个深入每个零售从业者灵魂深处的元素，也被提炼出来。

有了细节、节约这两个提炼自精益实践的元素，我们已经完成了自己独有的精益精神的内核构建，接下来要做的就是想办法把这两个元素传播出去，让更多的人认同和践行这两个元素所承载的理念和精益精神。这就进入了第二步：提炼精益口号。

为什么需要口号？从传播学角度来讲，口号是某个品牌的重要标签，也是传播品牌文化的重要载体。如果我们把精益推进活动当成经营一家公司（当然，我们是所在公司里的小型公司、子公司），那么我们其实也是需要一个品牌的。这个品牌让我们区别于公司里的其他部门、其他业务线条，并且可以凸显出精益推进这件事情的独特价值。另外，当我们把不同企业的精益推进活动进行横向比较时，品牌也会凸显出我们的特色，使我们的精益推进活动更具辨识度。而合适的口号显然是品牌塑造的基本配置，也是品牌价值外化的重要手段。

还有非常重要的一点，口号一旦在企业内部传播开来，特别是在机会人群中间传播开来，就会形成一种精神感召力，促使数量庞大的机会人群在发生于各个角落的改善活动中保持相同的精神追求和一致的推进节拍。

那么，我们的口号应该怎么提炼呢？我想至少应该遵循三项原则：① 能够起到塑造和传播精益精神的作用；② 能够引起机会人群的共鸣；③ 简单易记，朗朗上口，便于传播。乍看之下，要同时遵循这三项原则，似乎有些困难。但是，大家别忘了，在上一步中，我们已经完成了精益精神内核的构建，也就是说我们已经找到了遵循前两项原则的元素——细节、节约。在这一步中，我们需要做的只是对这两个元素进行演绎。说得更简单一点，我们只要想办法编出一句既能涵盖细节、节约这两个元素，又简单易记、朗朗上口的话就行了。

针对口号的具体编写，我有一条经验分享给大家。其实，我们不必咬文嚼字，我们还有另外两个选择。第一个选择是，我们可以翻阅资料，查找与精益管理相关的名人名言，然后对我们比较感兴趣、与我们的精益精神元素比较接近的语句、名言进行适当的修改，就可以编写出我们自己的精益口号。第二个选择是，既然我们的精益口号是为机会人群服务的，那么我们为什么不发动机会人群去给自己的精益实践编写口号呢？这样一来，可以得到更加深入人心的口号。事实上，我们当时就在公司里开展了一场精益口号征集大赛。

聊到这里，大家一定对我们当时选择的精益口号很感兴趣吧。那么，我就揭开谜底了。我们的精益口号是"每一人每一天每一处的持续改善"。这句口号虽然征集自购物中心的一名同事，但是据说这位同事的灵感源自某位精益大师的名言。"每一人每一天每一处的持续改善"，首先强调的是全员参与，以及对持续精益改善项目的坚持。其次，只要我们稍稍琢磨一下就会发现，如果是"每一人每一天每一处的持续改善"，就是发生在"细节"处的改善活动。最后，"持续"除了有坚持的含义，还有可持续发展的含义。什么是可持续发展呢？它至少应该是绿色的、节约的。由此，这句口号也涵盖了"节约"这个精益精神元素。

在分享这条经验的同时，我很想和大家聊聊对机会人群的信任。假设我们的精益推进活动仅仅依赖精益推进小组的努力，那么，我们会发现在任何时刻我们都是"以少对多"的，甚至有些孤军奋战（多线作战，疲于应付）的意思。如果我们除了精益推进小组的努力，更多的是在"发动群众，依靠群众"，也就是用不同的方法去调动机会人群的积极性，让大家帮我们想办法，帮我们解决精益推进过程中遇到的难题，那么，我们会发现我们的精益推进组织已然成了某个数量庞大的群体的"心脏"和"首脑",而我们正在开展的精益实践其实是用一大群人的共同努力去感染、改变整个公司。这就是对机会人群的信任。

完成了对精益精神元素的提炼,也有了我们专属的精益口号,我们的精益精神打造就算完成了吗?当然不是,我们还有很多事情要做。比如,我们可以设计一款凸显精益精神元素的胸章,也可以利用公司现有资源,在统一配发的办公用品、宣传物料中印制我们的精益口号,还可以在一些活动中定制具有我们专属的精益精神元素的T恤、纪念品……当然,我们在搭乘企业文化宣传这趟顺风车时,很有必要为了宣传我们的精益精神制作一批宣传品,并且将它们张贴在公司最醒目的位置。

精益精神打造是一个漫长的过程,除了利用各种机会不断地宣贯、强化、内化,更重要的是坚持。就像我们提炼的那句精益口号一样,精益精神打造也需要每一人每一天每一处的持续坚持。除此之外,精益精神并不是固定不变的,它应当随着我们所在公司精益实践的推进而进行新的提炼、演绎和宣贯。只要在文化内核上保持一致、彼此传承,我们的精益精神就是稳定的、专属的。

小故事:千元征集令

"每一人每一天每一处的持续改善"这句精益口号传播开来后,在我们公司里引起了很大的反响,无论是高层、中层还是基层的同事,都会在不经意间提到这句话。特别是那些正在一线实施精益改善的达人,更是把这句话挂在了嘴边。因为这句话会让大家有一种力量感:眼前虽然只有我一个人在做着手上的改善活动,但是在更多的地方还有更多的人在无数的细节处和我一样做着共同的努力。事实上，在这句精益口号的感召下，已然激发出了一种向心力，把公司的精益达人凝聚到一起，形成了一个有着共同目标的群体。

可是这个群体有一个缺陷——只有你知我知，却没法"他知"。也就是说，我们这个群体缺乏辨识度，缺乏物质层面的标记（或者说是一种存在的证据），仅仅是一种精神层面的存在。为了弥补这个缺陷，有一位精益对接人提出设计一枚徽章作为我们的标识，也是我们这个群体的独有标记。经过讨论后，大家都觉得这个建议不错。可是我们马上就面临一个现实问题，即在精益推进小组里面并没有一个懂设计的人。另外，要把我们的精益口号融入一个徽章图案里，并非一件简单的事情，它需要天赋、灵感，以及对精益管理的理解。

面对由谁来设计徽章这个问题，许多人很容易就想到了"专业的问题交给专业的人去解决"，我们既可以向市场部的同事们求助，也可以委托与我们公司有业务往来的广告公司帮忙设计。这个想法虽然没错，但是违背了精益精神，因为精益管理在重视专业的同时，更鼓励广泛地参与。事实上，就像我们在征集精益口号过程中所获得的宝贵经验一样，只有大家自己做出来的东西在大家中间存在的时间才会足够长久。

经过一番考虑后，我们以S超市精益推进小组的名义，在公司里发起了一场精益徽章设计大赛，向所有人发出了一道千元征集令：只要你设计的徽章造型能够通过层层筛选，被最终选用，那么，除了设计成果会被制作成实物徽章，用于所有精益推进人员在胸前佩戴，还会额外获得1 000元现金的奖励。俗话说"重赏之下必有勇夫"，通过开展"精益徽章千元征集"活动，我们不但如愿以偿地为我们的精益推进群体选出了最合适的徽章，还把精益管理的思想和理念又在全公司里宣贯了一次。

第五章

推进（广阔战场）步骤2：
在全员学习的同时推进改善

今井正明在他的著作《改善》中谈论到质量控制时，曾明确表示质量控制就是管理人的质量。这句话怎么理解呢？我们还是从质量这个概念说起吧。一般来说，我们谈到质量，首先会想到产品质量。其实，在全面质量控制中，首先要关注的是人的质量。只有培养出高质量的人才，才能生产出高质量的产品。基于此，我们会发现，培养高质量的人才永远都会是全面质量控制的根本所在。我们推进精益管理，实质上是在提高企业的发展质量和运营质量，归根结底也应该落在人才培养上。而精益人才培养无外乎两种方式：精益实践和全员学习。

一、营造"比学赶帮超"的氛围：构建学习型组织

学习型组织这个概念最早出现在国际组织学习协会（SoL）创始人、美国麻省理工学院（MIT）斯隆管理学院教授彼得·圣吉的成名著作《第五项修炼》里。在这本著作中，彼得·圣吉不仅阐述了学习型组织的全貌，还把构建学习型组织的过程概括成五项必须完成的组织修炼：建立共同愿景、加强团队学习、实现自我超越、改变心智模式、进行系统思考。我们要培养精益人才，全面提升企业的运营质量，也应该从构建学习型组织开始，分步骤、系统性地完成这五项组织修炼（见图5-1）。接下来，我将以这五项组织修炼为脉络，将我们全员精益学习的实践分享给大家。

我们首先要做的是建立共同愿景。提到愿景，我们很容易就想到了企业愿景，那是我们所在公司的终极发展目标，也是企业运营中涉及的各个线条的努力方向，以及遇到重大问题时的取舍原则。可以说，企业的所有努力都是为了实现自己的愿景。那么，我们要倡导全员精益学习，是不是

也要向企业愿景靠拢呢？毋庸置疑，在大的方向和原则上，我们的全员精益学习肯定要在企业愿景的框架内，并且要高度契合企业愿景中描绘的美好画面。但是，到具体的操作层面，我们却没有必要以企业愿景为出发点，自上而下地拆解出精益学习的愿景。因为学习愿景的出发点从来都是学习者个人的学习目标，或者说每个精益人想通过学习获得什么、达到什么、变成什么……

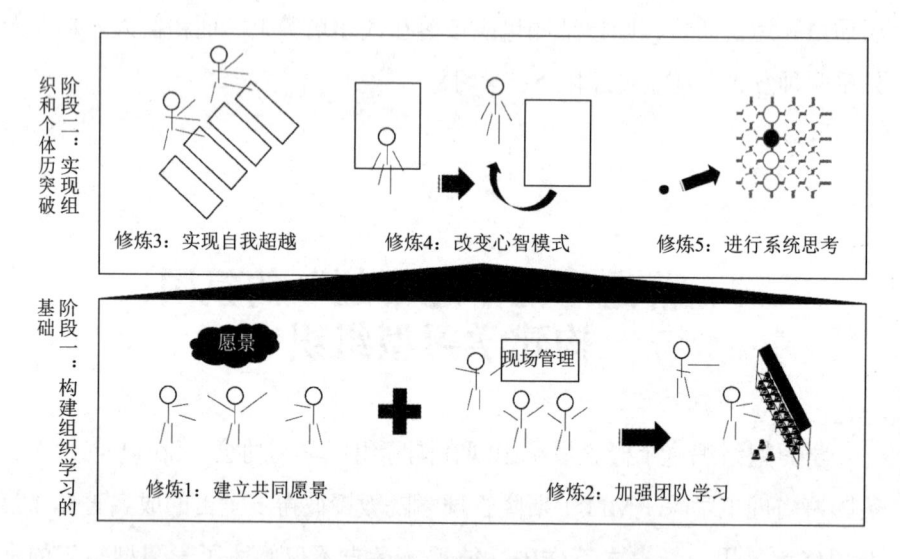

图 5-1 《第五项修炼》的两个阶段

也就是说，我们需要思考、汇总每个精益人的学习愿景，然后将所有人的学习愿景进行结晶、提炼，最终形成企业的学习愿景。我们当初这么思考这个问题的时候，只是觉得这么做，相比于以实现企业愿景为大目标，去要求、号召大家学习精益管理相关知识、工具、技能，更容易激发公司全员的学习主动性和激情。现在回头看看，我们发现这么做不但符合《第五项修炼》里关于共同愿景构建的思路，而且还非常精益——精益本身就具有反常规的特性。

那么，我们结晶、提炼出来的共同愿景是什么呢？只有两个字：改变。无论是倡导精益变革的企业高管，还是想优化现有工作流程的中层，

第五章 推进（广阔战场）步骤2：在全员学习的同时推进改善

抑或是不满于现状的一线员工，大家参与到精益管理中来，参与到企业变革的实践中来，最基本的目标其实就是改变，正向的、向上的改变。改变工作效率，改变个人工作习惯，改变自己在企业中的处境、收入水平……这正是我们进行全员精益学习的共同愿景。

有了这个共同愿景，接下来我们要做的就是加强团队学习。加强团队学习的关键在于"加强"两个字。因为从2010年初精益工作组在公司里推动精益管理开始，公司各个部门、大区、城市公司、门店从来没有停止过精益管理相关知识的学习。可是，那样的团队学习无疑是盲目的、"野蛮"的。在我们明确了共同的学习愿景后，就应该以此为方向和原则，进行学习内容的取舍和强化。简单来说，我们应该在现有的团队学习中加强可以给大家带来改变的内容。

什么样的内容可以给精益人带来改变呢？

那一定得是干货，一定是拿来就能用的东西。因此，在进入这个阶段后，精益工作组开始要求各精益对接人在组织精益学习的过程中大幅缩减精益基础知识、精益理念相关内容，同时有计划地将精益管理的常用工具、实用技巧、经典案例推荐和传授给培养对象。除此之外，我们还将全员学习的形式从课堂培训、知识与技能的传授转变为课堂学习+课后实践，特别是课后实践，基本成了大家关注的重点。光说不练假把式，大家有没有学到干货，还得在实践结果上见真章。

也正是在这个阶段，丰田精益生产模式、七种统计工具、防呆法、DMAIC、5W1H、现场管理等精益管理中很好、很实用的工具开始在公司上下流传，也成了大家经常谈论的话题、提到的字眼。

当然，进入这个阶段，谁要想在公司里被人竖起大拇指，只有一条途径，那就是做出令人佩服的精益实践。也就是说，你得有本事把精益工具应用于精益小改善或者精益项目中，并且做出令人惊讶、眼前一亮的成果，才会被人高看一眼。

除了全员学习的内容和形式的改变，我在这里还有一条经验想分享给大家，那就是统一教材的开发很重要。其实细心的读者应该已经发现了，无论是精益管理启动阶段对精益管理基础性知识的推广、宣贯，还是精益管理启动后对PDCA、精益5S、精益小改善的推广，我们都需要一个统一的说法，并且这个统一的说法一定需要一份书面的、可呈现的材料。这个材料就是精益工作小组开发的统一教材，以及相关的活动指引。我记得我亲自开发的第一份教材的主要内容是对精益管理和精益基本理念的介绍。虽然业内对于精益管理的认识早就达成了共识，但是要想在一家企业内对一个新的、陌生的概念达成共识，就必须有这样的一份标准教材。

对精益管理的认识是这样的，对精益活动、精益实践、精益学习的认识更是这样的，特别是当我们面对的是一个庞大的群体的时候，为了防止认识不统一，在宣贯、执行层面可能走样，我们就需要面向公司全员发布标准的教材、指引等。进入全员学习阶段，这一点更加重要。因此，在向大家"推销"精益管理实用工具之前，我们邀请了上级单位的黑带大师，再组织部分精益对接人参与其中，共同开发了几套供公司全员使用的标准教材，并且认证了一批精益讲师。

完成了前面两步，全员精益学习所需的基础条件已经满足了，下一步需要做的就是设法让所有人学起来、实践起来、改变起来。当然，这在构建学习型组织的过程中被称为实现自我超越、改变心智模式、进行系统思考。实现自我超越还好理解，就是鼓励全员自我突破，鼓励大家一天比一天好。至于改变心智模式、进行系统思考就明显有些不可思议了。难道我们要对大家进行心智测试？重点培养一下大家的系统思考能力？当然不是这样的。彼得·圣吉强调这三点，主要是想表达通过组织全员的共同学习，我们应该在哪些方面发生改变，或者说在个体和组织层面，我们在共同学习中应该往哪些方面努力。如果我们要在全员精益学习中去探讨、评

第五章 推进（广阔战场）步骤2：在全员学习的同时推进改善

估这些变化，那无疑是十分复杂且没有必要的。但是，彼得·圣吉强调的这三点却是我们必须关注的。那么，如何既不用评估又可以持续关注这三点的变化呢？

我记得刚推进精益管理的时候，我的直接领导说过要在公司里搞一场"风搅雪"，把"比学赶帮超"的氛围带动起来。其实，这句话已经很好地解答了彼得·圣吉留给我们的难题。当我们不愿意用精细的指标去评估一件事情的推进效果时，最好的做法就是鼓励大家朝着我们指出的方向去努力。那么，如何鼓励大家朝着既定方向努力呢？最好的办法就是全员的、彼此间的"比学赶帮超"。当我们真的在公司里搞起了一场"风搅雪"，把"比学赶帮超"的氛围带动起来时，谁又能说我们没有实现彼得·圣吉强调的构建学习型组织中要实现的三点变化呢？

事实上，当我们把那些精益达人从精益人海中筛选出来，去比较他们参与精益实践的前后变化时，我们会惊喜地发现，他们已经成了精益管理的热心传播者（大家更愿意把他们称为精益管理的推销员）、主动实践者，同时他们在遇到问题时也不再只盯着一点看，而会去思考方法对不对？是不是流程出了问题？有没有可能是市场环境发生了变化？这些惊喜的发现其实正是他们实现了彼得·圣吉强调的那三点变化的明证。个体是这样的，组织更是这样的。当企业中完成了"三点变化"的精益达人越来越多时，就意味着我们距离建成学习型组织越来越近了。

最后，再说回DMAIC。构建精益管理学习型组织也是对改善成果的一种C（控制），只不过这种控制方式更加扎实，更加深入人心。学习在很多情况下不仅仅是掌握新的东西，更是对组织经验的沉淀和提炼。

二、在高层中培养"铁粉":全面质量管理与高层管理者的承诺

在我看来,在企业里推进精益管理更像一场与现状和旧有习惯作斗争的激烈"战争"。因此,在思考一个问题时,我会习惯性地从战略和战术两个层面寻求推进方案。以我们正在探讨的全员学习为例,我们讲营造"比学赶帮超"的氛围,讲构建学习型组织,究其根本,是在战略层面有了明确的方向性规划,可是在战术层面如何将这些规划落到实处呢?这就需要我们放下望远镜,开始用放大镜看问题,对我们的工作对象进行切片观察,分门别类地提出有针对性的推进策略。

按照常规的分类方法,我们的工作对象一般分为三类:高层、中层、基层。当然,我们在切片观察的过程中,还想过按照工种、性别或者年龄段进行分类,可是这几种分类方式给我们带来的不是某个人群的共性——在全员学习上的共性需求,反而让简单的问题变得十分复杂。就以看起来最有希望的按照工种分类为例。在分类之后,我们确实看到了不同工种对于变革、对于精益管理相关知识与技能的学习需求。但是,从务实的角度来看,你很难说收银员就比理货员更迫切地需要掌握现场管理相关工具和技能,因为同一个工具在不同的工作场景中有不同的用法。相反,如果按照一般的分类方式,把工作对象分为高层、中层、基层三类,那么我们很容易就会发现,这三类人群在精益工具的需求上有很大的差异。比如,高层的工具需求更偏重于系统性,中层更期待掌握模板和套路,而基层则非常喜欢那些拿来就能用的"小把戏"。基于此,我们当时选择了一般分类方式,并且针对高层、中层、基层三类人群,采取了不同的全员学习推进策略。

经过访谈和需求征集,我们打算向公司高层推荐全面质量管理(total quality management,TQM),并且希望高管能在精益变革中做出一些基

本的承诺。全面质量管理的历史可以追溯到20世纪50年代末，它是由美国通用电气公司的费根堡姆和质量管理专家朱兰共同提出的。它的概念其实并不复杂，它强调的是企业的组织设计应以质量为中心，以顾客满意为追求和不断优化的方向。全面质量管理的提出无疑开了精益管理的先河，费根堡姆和朱兰无疑成了精益管理的先驱。但是，令人遗憾的是，精益管理虽最早由美国人提出，却并未在美国率先推广开来。直到爱德华兹·戴明博士受JUSE（日本科学家和工程师联合会）邀请在日本讲授统计方法，QC小组（quality control circle，质量控制小组）逐渐在日本企业中盛行，并且成为一种"运动"时，TQM才迅速发展起来。

TQM的基本方法可以概括为十六个字，即"一个过程，四个阶段，八个步骤，七种工具"。

"一个过程"是指企业管理是一个过程。企业在不同的发展阶段应完成不同的工作任务。企业的每项生产经营任务都有一个产生、形成、实施和验证的过程。

"四个阶段"当然是指计划（plan）、执行（do）、检查（check）和处理（act）这四个阶段，因为它贯穿在企业所有的经营活动中。

"八个步骤"是把"四个阶段"进一步细化，以达到解决质量问题、改进质量水平的目的。具体来说，大致包括如下八个步骤：① 分析现状，找出质量问题；② 明确影响质量的因素；③ 聚焦关键影响因素；④ 商定改进措施，制订改进计划；⑤ 执行质量改进计划；⑥ 检查质量改进计划的执行效果；⑦ 总结经验，巩固成果，将质量改进成果标准化；⑧ 将未能有效改进的质量问题转入下一轮循环。

"七种工具"是指在"八个步骤"中贯穿始终的七种统计工具，包括直方图、控制图、因果图、排列图、关系图、分层法和统计分析表。

任何方法都需要有人使用才能发挥它的作用，在企业管理中更是如此。当我们深入研究TQM时，就会发现它最核心的还是QC小组这种工作机制。就像人们通常所说的那样，树上有没有枣子，先打它两竿子。只有在企业中有大量不同层级的QC小组存在，才能保证企业全员去关注质量问题、改进质量水平。因此，我们要向TQM借鉴，在企业高层中推动全员学习，首先应当借鉴的就是QC小组工作机制。

通常来讲，QC小组按照工作性质和内容不同，会分为四类。

• 现场型：以基层班组为主，针对生产经营现场，开展质量改进。

• 服务型：以服务、业务线为主，针对顾客服务现状，开展质量改进。

• 攻关型：以技术、管理线为主，针对技术难题，开展质量改进。

• 管理型：以管理人员为主，针对企业管理水平，开展质量改进。

我们要在企业高层中推广的就是第四类——管理型QC小组。

在这里要和大家说明一点，QC小组是一种类似于项目组的临时性的组织。在QC小组内只有两种角色：组员和组员集体推选出来的组长。因此，高管进入QC小组后，可以彻底卸下原有的管理者角色包袱，最大限度地成为QC小组的普通一员。基于此，在推广初期，我们针对QC小组的组建方式，给出了两条建议：① 高管既可以平级组建QC小组，也可以上下级、越级组建QC小组；② 在后一种组建方式中，高管不适合担任QC小组的组长，应当优先推选下级担任组长，或者采取小组成员轮流担任组长制。实际上，QC小组的组长并没有多大的权力，他们只是质量改进活动的组织者、协调者、联络员而已。

在前面的内容里详细介绍了TQM的基本方法，特别是基本方法中的"八个步骤"和"七种工具"，除了想让大家对TQM有一个全面的认识，更重要的是想让大家建立基本概念，方便大家理解QC小组的工作机制。事实上，QC小组的工作节奏完全是按照TQM的"八个步骤"推进的，并且在推进过程中会具体应用到"七种工具"。

第一步自然是选题，也就是选择一个影响到我们的企业管理能力、水平、质量的话题。这个话题从何而来呢？既可以来自高管对日常管理行为的检讨，也可以来自对我们现有工作流程特别是价值流的梳理和诊断，还可以来自顾客的声音，也就是被管理对象感到痛苦和不舒服的地方。在实践中，大家很快发现，一家想通过精益变革来追求高质量发展的企业，难的从来都不是找出需要改进的管理痛点，而是对于这些痛点的优先级排序。因此，在选题阶段最难的并不是把话题找出来，而是把最急需改进的话题找出来。

第二步，确定目标值。确定目标值应当分三个步骤：首先，我们要有一套统一的标准，去可量化地、显性地衡量我们现有的管理水平；其次，我们要通过测量和分析，判断我们现有的管理水平到底如何；最后，我们要基于现有的管理水平，明确QC小组要把选中的管理话题改进到什么水平。这一步听起来似乎有些过于宏大，其实，QC小组只要在企业常用的组织效率评价体系中选择一两个适用于选中话题的敏感指标就可以了，比如人效、审核周期、流程节点数、顾客满意度等。

第三步，调查现状。顾名思义，该步骤需要QC小组围绕选中的管理话题展开调查。在实践中，调查方式通常有三种：第一种是访谈，针对关键人员展开面对面的提问式调研；第二种是资料分析，就话题涉及的相关资料进行收集和分析；第三种是数据对比，这时候我们就需要用到七种统计工具中的直方图和控制图。直方图与我们常见的条形图的外形非常相似，但是它呈现的是产品的质量状况。管理型QC小组在这里使用直方图，可以很好地统计与话题相关的敏感指标的过往表现和现状。控制图则相对专业一点，稍后我们聊到精益绿带项目时会详细介绍，在这里就先卖个关子吧。

第四步，现状分析。该步骤需要根据收集到的多种信息，分析QC小组所选管理话题的现状，特别要弄清楚我们究竟要越过什么样的障碍、突破什么样的瓶颈才能提高管理水平。根据我们的经验，这时候最实用的工具是因果图。因果图又称鱼骨图、石川馨图,它的外形很像一副鱼类的骨架。

  鱼骨的大刺,也就是鱼骨的骨干是由"人、机、料、法、环"五个要素构成的(见图5-2)。"人"是与生产经营有关的人的要素;"机"在制造型企业里指的是与机器设备有关的经营要素,在非制造型企业里一般指与企业运营相关的硬件条件(包括但不限于固定资产);"料",物料,是指生产经营所需的消耗类物料类资源;"法"是与生产经营有关的软件条件,如规章制度、作业标准、操作流程等;"环"是我们面临的经营环境,如经济形势、国家政策、竞争氛围等。这五个要素是影响生产运营结果的主要因素,也是企业面临的所有质量问题的一级类别,同样也是我们寻找质量问题的解决方案的五个主要破题方向。

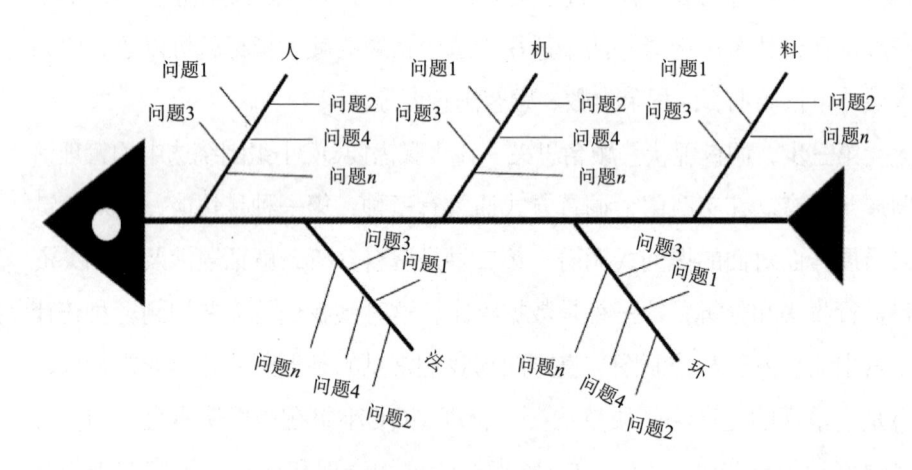

图 5-2 鱼骨图

  在"人、机、料、法、环"这五根大刺之下才是若干的小刺。当然,这些小刺通常会"生长"在五根大刺的某根之下。

  QC小组在该步骤中使用鱼骨图通常有两种做法。第一种做法是"由大到小"。以"人、机、料、法、环"为大方向,依据前期掌握的信息和资料，对企业的管理现状进行全面诊断。也就是分别从"人、机、料、法、环"五个方向出发，对五根大刺上的小刺一根一根地检查，直到发现那些有问题的小刺。第二种做法是"由小到大"。具体操作方式是先将我们在调查现状阶段发现的问题无论大小，逐一以"人、机、料、法、环"为类别进行归类整理，从而纳入同一幅鱼骨图中，再从整体的角度去看整幅鱼骨图，以确定我们所在公司的管理问题到底出现在哪根大鱼刺上。如果从绘制鱼骨图的角度来看，大致就是先画小刺，再在小刺密集的地方分别画出"人、机、料、法、环"这五根大刺，从而画出整幅鱼骨图，最后看哪根鱼骨上的小刺最多——这就是"大坏刺"。

第五步，找出主要原因。这个步骤需要QC小组既具有抽丝剥茧的能力，还具有透过现象看本质的慧眼。在这一步中，最简单且实用的工具就是关联图（见图5-3）。关联图的核心原理是影响质量的因素之间一定存在因果关系，我们只要对导致问题发生的原因一直向下钻探，就能找到引发多个质量问题的同一个原因——主要原因。

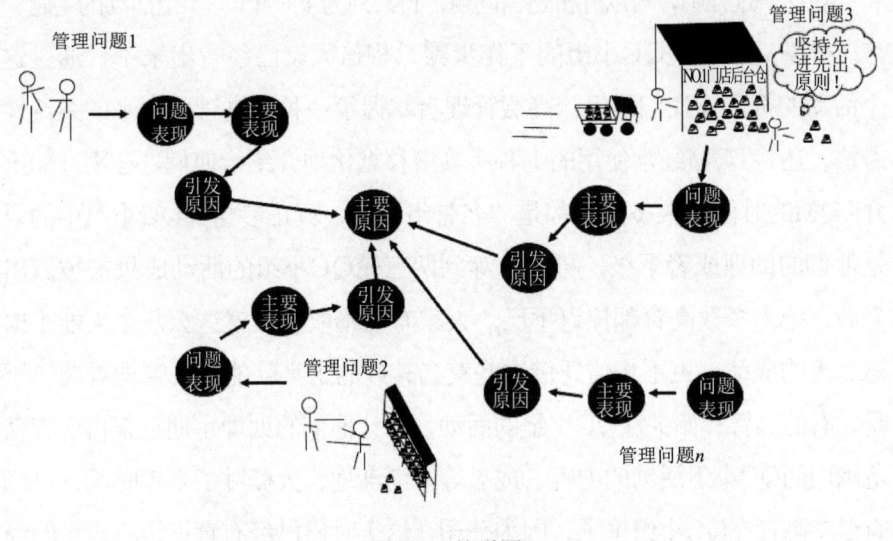

图 5-3 关联图

第六步，制定质量改进措施。制定质量改进措施的关键在于明确改进责任人、改进目标、改进期限。

第七步，实施改进。管理话题进入实施改进阶段，首先，QC小组针对改进措施要有明确的分工；其次，在实施改进的过程中，QC小组应该全程、定期关注改进效果，也就是实施情况；最后，对于实施中遇到的障碍和不顺畅的地方，应当及时采取干预措施，以确保整个改进计划可以继续向前推进。

第八步，总结改进经验，对于改进成果应当予以固化和标准化。之所以要及时总结经验，是因为TQM认为质量改进活动没有止境，只有不断努力和不断满足顾客的需求。在这个理念的指引下，QC小组对改进成果的固化和标准化既是对现有质量管理水平的巩固和强化，也是在构筑下一个质量改进活动的起点。那么，什么是固化和标准化呢？就是将QC小组的改进成果进行标准化整理后，写入企业现有的规章制度、作业标准、操作流程里。当然，在更多时候是对企业现有做法的更新和迭代。

在这一过程中，可以分析遗留问题，将其列为下一个QC小组活动的主题。

分享完管理型QC小组的工作步骤，相信大家已经看出来了，通过这个活动的推广，我们不仅让高层管理者掌握了一种改进管理水平的系统性方法，还将TQM经常使用的七种工具潜移默化地介绍给他们。在刚开始推介TQM的时候，很多高管都是"名誉组员"，真正参与到QC小组中的只是他们的助理或者下级。可是，等到两三轮QC小组的活动成果被披露出来后，绝大多数高管都惊讶不已。大家有些不敢相信就这么几个人能干出这么大的成绩，更不相信凭借这些莫名其妙的工具就能解决管理难题。于是，有的高管开始关注QC小组的活动，会让他们的助理定期汇报自己管辖范围内的QC小组活动的内容、成果等。渐渐地，大概过了半年时间，已经有很多高管在QC小组里了，因为公司在这个时候已经有意识地将当下的经营难题列为若干个项目，然后以QC小组的形式予以探讨和解决了。

因此，从我们当年的实践来看，在全员学习阶段，向高管推广TQM，特别是QC小组活动，不但可以培养精益管理的"铁粉"，还可以让高管在精益变革中主动担责，做出不断提升管理水平的承诺。

三、在中层中培养盟友：管理培训计划与管理者主导的改善

关于为什么要在高层中培养"铁粉"，在中层中培养盟友，在基层中培养追随者，在这里特别说明一下。

什么是高层呢？就是企业中拥有决策权、影响力、较大管理权限的那些人。我们要把高层培养成"铁粉"，就是要让这部分人及他们所掌握的企业的"软性稀缺资源"为推进精益变革服务。那么，什么时候高层才会成为我们的"铁粉"呢？我想至少应当达到三种状态：① 高层认同精益理念；② 高层会在日常工作中主动运用精益工具；③ 高层发自肺腑地相信只有持续推进精益管理才能给企业带来变革。

中层是企业的枢纽，在很多时候起着上传下达的作用。当然，能够对企业的运转效率形成制约的也是这个群体。要让中层成为我们的盟友，就是希望他们在上传下达的过程中，与精益管理靠得更近一些。同样，让中层成为我们的盟友，也至少应当达到三种状态：① 中层经常性地在精益推动中受益；② 中层成为精益改善的主要推动者；③ 中层相信精益管理可以帮助他们改善现状。

基层是企业的执行单位，是一线作业人员，也是企业中人数最多的群体。要在基层中培养追随者，就是希望公司里的绝大多数人能跟着我们动起来、变起来。基层成为精益管理的追随者的三种状态是：① 主动开展

精益改善；② 主动宣传精益思想和工具；③ 把参与到精益变革中当成职业发展的宝贵机遇。

最后，还有一点，细心的读者也许已经发现了，我分享的是在高层、中层、基层三个群体中把合适的人变成我们的"铁粉"、盟友和追随者，而不是把企业全员都发展成精益人。虽然我们倡导的是全员精益、全员学习，但是要让企业全员参与到精益管理中来，基本上很难实现（即便采取了强制措施，也未必人人精益，还是会有不少人貌合神离的）。事实上，在这件事情上，我们应当坚信"二八原则"是普遍适用的。因为精益管理从来都是务实的，在推进精益管理的过程中，我们也应当稳扎稳打、步步为营，发展一名"铁粉"就应当是认同精益、愿意为精益管理发光发热的真"铁粉"；发展一名盟友，就应当是肯花时间、精力、才智助力精益推进的真盟友；发展一名追随者，也应当是精益管理的宣传员、播种机。

再回到本节要分享的话题——MTP与管理者主导的改善。

管理培训计划（management training program/plan，MTP）。是20世纪50年代美国人为了提高企业管理水平而开发出来的一套培训体系。MTP与TQM的相同之处在于，它们都是在美国被提出，在日本得到发扬光大的；不同之处在于，MTP一经诞生就风靡美国，据说经过11次改版，已经培养出百万名精英管理者。比较常见的MTP培养内容包括：战略管理、领导力、执行力、沟通管理、组织建设与人才发展等，基本上涵盖了企业运营中涉及的方方面面，也是一名优秀的管理者必须具备的职业素养。我们在全员学习过程中谈论MTP，就是想告诉大家，MTP其实也是可以为精益管理服务的。

在聊MTP如何为精益管理服务之前，我们先了解一下本节的第二个"新概念"——管理者主导的改善。改善自然是指精益小改善，在第二章中我们已经对精益小改善进行了详细介绍。实际上，管理者主导的改善是今井正明先生提出的三类改善活动之一，是一个相对的概念。在《改善》

第五章　推进（广阔战场）步骤2：在全员学习的同时推进改善

一书中，今井正明按照改善发起人的不同，把改善活动划分为管理者主导的改善、团队主导的改善及个人主导的改善。在第二章中我们重点分享的就是个人主导的改善。团队主导的改善基本上等同于精益项目，不同之处仅在于发起和实施改善活动（项目）的团队是临时性的团队，还是现有的团队。在稍后的第六章中我们会用一整章的篇幅和大家探讨精益项目的发起、实施、辅导和认证，在这里先小小地预告一下。让我们把目光聚焦到管理者主导的改善上，看看这到底是怎样的一种改善活动吧。

第一，管理者主导的改善在发起人层面其实是有两条线的：一条线是管理线，主要发起者有经理、部门主管等；另一条线是专业线，主要发起者是相关业务领域的专家。当然，这两条线并不一定非要分开，它们也可以合为一条线，由管理者和专家共同发起和推动该类改善活动。第二，在目标和内容上，该类改善活动主要集中在流程层面，追求的是通过改善活动的开展实现流程的变革或者经验的标准化沉淀。第三，该类改善活动一般会有一个项目周期，必须在限定的时间内完成。第四，该类改善活动有时候是需要少量的资源、资金投入的。第五，该类改善活动的牵涉面会相对广一些，有可能将职能线条内的相关人员全部吸纳其中，改善成果也会影响到发起人所在的直线职能，乃至整个公司。

管理者主导的改善比较有名的案例就是准时制生产。"准时制"的概念和前面分享的"拉动"比较接近，只是它聚焦的是生产的效率，而不是顾客需求的及时满足。在准时制概念下，在生产过程中必须将准确数量的零部件在合适的时机送到连续运行的生产线上。在20世纪50年代的丰田公司里，主导该项改善的是公司董事、技术专家大野耐一。他先是创新性地提出了"看板"这个概念，然后去推行"自动停止"。看板关注的是在整个生产过程中有没有将所需的零部件"准时"地送到生产线上，"自动停止"则是把生产机器设计成在遇到问题时自动停止运行。这两项改善的提出不仅颠覆了以往的生产过程，还对整个生产流程进行了系统性的改进，同时创造出了举世瞩目的丰田精益生产法。从大野耐一主导的准时制生产改善活动中我们应当看出，好的、彻底的管理者主导的改善是可以创造奇迹的。

介绍完两个"新概念"，接下来我们聊聊这两个概念如何融合，也就是怎么在全员学习过程中更好地发挥这两者的作用。当然，在这个过程中，我们关注的焦点始终是在中层中培养盟友。

要让中层在全员学习中受益、成为推动者、改善现状，应该选择一种合适的方式让他们参与进来，最合适的方式正是管理者主导的改善。但是，如果只是让中层简单地参与进来，只是凭着过往掌握的本事去开展改善活动，就会出现一个很尴尬的结果：很难出成果。或者说即使出了成果，也是在以极低的概率碰运气，很难给出有效的成果，更别说受益了。这时候，我们急需一种保障，这种保障就是具有精益特色的MTP，也可以称为精益管理培养计划。这大概就是MTP与管理者主导的改善相融合的基本脉络。

简单来说，就是管理者主导的改善为中层提供全员学习的机会，而MTP则作为一种辅助活动，确保改善活动的有效产出（高质量产出）。事实上，这条脉络是我在最近几年才梳理出来的。当年我们在中层中推广管理者主导的改善，又紧接着推出精益MTP，只不过是被动的、应需的反应。

现在回头看看，S超市做得比较好的管理者主导的改善活动主要集中在商品、营运、物流三条业务线条上，其中，物流线条的改善活动开展得最好，也最具有变革性。如果把商品比喻成零售企业的"子弹"，那么，物流就是运送"子弹"的关键业务线条。顺着这个逻辑，我们在衡量一家企业的物流运转效率时，自然要看把"子弹"运送到需要弹药的指定单位的及时性（聊到这里，大家会发现零售物流其实最适合学习丰田的准时制，追求在适当的时间点将所需的物品运送到合适门店的及时性）。在"及时性"这个大的衡量标准下，我们还会看到两个小的衡量标准：一个是用最短的时间把所需商品及时送到；另一个则是用最低的成本把运输任务有效完成。物流线条的管理者主导的改善活动基本上是围绕这两个标准展开的。

令我印象最深的是物流中心某负责人开展的回程运输改善活动。这个改善活动说起来很简单，就是通过合理的调度让运送完货物的车辆在回程的时候及时装载货物，避免不必要的空跑，以提升货物运载效率，可是操作起来却是对过往物流运输习惯和整个物流调度系统的颠覆。因为在开展这个改善活动之前，物流运输的习惯通常是：① 按照货物的配送量，安排足够的运力；② 按时完成货物配送，万事大吉。从大的逻辑来讲，原有的配送习惯是没有大问题的。

可是，随着物流配送网点和门店分布的日益密集，再按照原有习惯进行货物配送，势必会导致物流成本直线上升。那位负责人正是迫于物流成本上升的压力，才主导了回程运输这项改善活动。在活动伊始，改善活动的主导者和参与者的状态只能用三个词来形容：忐忑、焦躁、疲惫。之所以会呈现这样的状态，主要是因为改善活动的主导者只是接受了最基础的精益知识培训，对于精益管理的理解非常有限，掌握的工具也不多。可以说，他空有变革的心，却没有变革的能力。

幸运的是，该物流中心的负责人与精益推进小组一直走得很近（没错，他正是我们在中层中培养的潜在盟友）。他在遇到难题时，很快就想到了向给他提供过精益培训的"娘家人"求助。事实上，为了帮助他，我还特地去物流中心走了好几趟。最终我们才发现了问题的关键，并决定将他和改善活动的几名骨干人员纳入精益MTP里。当然，S超市的精益MTP并不是为了解决物流中心的改善难题而启动的项目，只是物流中心的改善活动推动人员正好需要这个项目而已。在这里提到这位负责人和他主导的改善活动，主要有三个目的：第一，想让大家瞧瞧中层中潜在的盟友长什么样；第二，想让大家对管理者主导的改善活动有一个更直观的印象；第三，给大家看看我们发起精益MTP的个案背景。

这很可能是精益管理推动到一定程度必然出现的状况吧。物流中心那位负责人并不是个例，在那段时间里遇到改善难题的负责人特别多，很快就形成了一个共性的迫切需求：必须在短期内系统地掌握精益工具，从而为改善项目的推动提供助力。及时响应和满足这个共性需求，就成了我们推出精益MTP的出发点和总体培养目标。至于我们的精益MTP到底是什么样子的，下一节我们详细谈谈。

四、黄带、绿带、黑带：精益带级人才培养

谈到精益带级人才培养，大家也许会觉得这个概念有些陌生；可是，提到黄带、绿带、黑带，相信大家一定不会陌生。不过，有些朋友可能会问，这些黄带、绿带、黑带到底是怎么分的？它们之间有着怎样的差别？为了让大家对这些黄带、绿带、黑带有一个清晰的认识，接下来我们先聊聊精益带级人才究竟是怎么回事。

精益带级人才又称为精益六西格玛带级人才，按照这个说法，我们可以推测最早进行精益带级人才培养的或许正是丰田公司。虽然我为此查阅了不少资料，可是能把精益带级人才的诞生和发展说清楚的资料并不多。在这里留此一说。此外，在丰田公司里经常会提到这样一句话："造物先育人。"它强调的是在推进一件事情之前，要先进行相关人才的培育。据说精益带级人才培养正是以"造物先育人"为宗旨进行体系设计的。

不过，黄带、绿带、黑带并不是精益管理的首创，它们来自空手道。好多人都说，空手道之所以用腰带的颜色区分功夫厉害的程度，主要是因为不同等级的功夫高手为了修习空手道付出的时间、精力、泪水、汗水、血水不同，留在腰带上的污渍的颜色也会不同。腰带颜色越深的人，功夫自然越高。精益带级人才也遵循同样的规律，从黄带（腰带上刚刚有了一些污渍）到绿带（腰带上的污渍已经深得有了铜锈的感觉），再到黑带（腰带

第五章　推进（广阔战场）步骤2：在全员学习的同时推进改善

上已经分不清到底留存的是什么样的污渍了），也是由低到高、节节高升的。实际上，有的企业为了将精益带级人才体系建设得更完备（应该是更细致），还会将精益人才划分为白带、黄带、蓝带、绿带、黑带、红带共六个等级。大家看到这六个等级会不会更有汗渍留在腰带上的感觉呢？

人们常说万变不离其宗，精益带级人才体系虽然可以划分得很细，但是最常见的"腰带"只有黄带、绿带、黑带这三种。黄带是入门级精益人才，绿带是精益变革的中坚力量，黑带则是企业变革的专家型领导者。一般来说，黄带要有独立开展精益小改善的能力，绿带要有发起和推进精益项目的能力，黑带则要有领导黄带和绿带完成企业变革的能力。

据我所知，许多企业在决定推动精益管理时，就已经将培养精益带级人才纳入人才发展战略中，并且还会将精益带级人才培养作为推动精益管理的重要策略。在这个大背景下，我们会看到这些企业从启动期开始就投入了高额的培训费用，以期待把企业现有人才全部培养成精益带级人才。这么做究竟有没有效果，我们暂且不谈，单是从投入产出比来看，投入一头占的比例明显过于大了。另外，看过《西游记》的朋友应该都明白，只有经历九九八十一难求取回来的真经才会令人格外珍惜。

事实上，在S超市决定启动精益管理时，我们也想过是不是把精益带级人才培养也启动起来。然而，经过反复探讨，我们还是采取了相对谨慎的态度：看看后续推进情况，视实际需要再做决定。因此，直到精益推进中期，需要满足中层的共性培训需求时，我们才把精益带级人才培养作为MTP的核心内容启动起来。

聊到这里，我很想和大家探讨一下早期全面启动精益带级人才培养和中期应需启动精益MTP的区别。我们都知道，企业的内训从来都是为业务实践服务的。那么，无论是早期全面启动还是中期应需启动，精益带级人才培养始终是要为企业精益变革的实践活动服务的。

顺着这个思路，我们会发现，早期全面启动的优势在于，先用精益理论和工具武装了所有人的大脑和双手。如此一来，公司上下在日常经营中会不自觉地应用到精益理念、工具、技能，从而改变过往的经营习惯和作业行为。我们甚至还可以为了内化培训效果，将开展精益实践作为课后作业，布置给参训人员。如果要用一个词概括早期全面启动精益带级人才培养对于企业精益实践的作用，那么，我觉得"推动"这个词最为合适。

而中期应需启动则更像在"拉动"，基于精益实践的实际需求去设计课程内容（这里的设计并不是指打乱精益带级人才培养的常规逻辑，另起炉灶，而是指在常规逻辑的基础上有侧重点，将部分模块放大来设计培训课程），从而有效解决精益实践中的难题。虽然公司上下并没有在参与精益实践之前完成大脑和双手的武装，但是中期应需启动可以更加精准地将所需的"武器"运送到最需要的"战士"身边。就像"拉动"所强调的那样，我们依照对顾客（培养对象）需求的精准掌握，实现了对顾客需求（培训需求）的精确满足。

考虑到在启动阶段公司上下已经完成了精益基础知识的洗礼，我们的黄带培养会比一般企业更严格一些。除了常规的知识培训，还加入了改善活动的发起和精益项目的推进、执行等实操内容。并且要求参训人员在五天的脱产培训结束后，完成一个收益不低于两万元的黄带项目，才能通过认证。绿带培训则聚焦在价值流图绘制、QC 七种工具应用、现场管理、流程变革等内容上。这些都是中层在开展精益改善活动中急需的知识和技能。同样，在为期七天的脱产培训结束后，我们会要求参训人员完成一个收益不低于20万元，并且可以对现有流程、作业标准产生颠覆或者变革效果的项目。和黄带一样，参训人员只有通过绿带项目认证才可以拿到"绿腰带"。

黑带培养的着重点在于变革管理和对公司整体经营状况、未来发展方向的思考。我们提供的培养方式主要有四种：① 标杆企业的参观交流；② 精益变革研讨会；③ 读书分享会；④ 黑带项目实践。黑带级人才在工具掌握上和绿带级人才相差并不大，他们的差别在于眼光和视野。简单来讲，黑带项目至少应当是跨部门的或者多部门、多业务线条协同作战的，而绿带项目则聚焦在某一业务线条内。当然，黑带也需要通过项目认证。黑带项目要求经济收益不低于50万元，并且能为企业的变革带来巨大贡献。

在正常情况下，黄带的培养周期在3~5个月，绿带则至少需要一年时间，至于黑带，没有五年的历练是根本培养不出来的。另外，黄带的培养对象是普通员工，绿带的培养对象则是黄带中的精英，黑带的培养对象更是绿带中很少的一部分人。整个培养体系基本上呈现出金字塔的形状，底下大，上头小，越往高处人数越少。

最后，关于精益MTP，我再分享一点。我们启动精益MTP项目一定是为了帮助中层更好、更快、更高质量地开展精益改善实践，解决改善实践中的难题，而不是通过这种方式给中层贴标签，告诉高层哪些人是值得培养的、哪些人是适合淘汰的。希望大家在实践中把握好尺度，尽可能多地争取到坚强有力的盟友。事实上，在精益的世界里，从来就没有培养不出来、无法成长的人，我们缺少的只是合适的培养方式。

五、在基层中培养追随者：业内培训与精益建议系统

什么是TWI呢？它是英文Training Within Industry的缩写，乍听之下觉得很新奇，其实它表达的概念非常常见，就是不脱产培训，特别是一线人员的现场培训。

TWI诞生于第一次世界大战期间的美国。那时候的美国，需要建造大量的船只，可是懂得船只建造技术的人却不多，这时候就有一个叫作查尔斯·艾伦的人负责给造船工讲解造船技术。查尔斯·艾伦除了是一位造船专

家，还是专业的导师（专门研究辅导方式的专家）。出于职业习惯，查尔斯·艾伦很快组建了一支造船技术服务团队，并且通过这支服务团队在不脱产的情况下把造船技术快速传播出去。后来，查尔斯·艾伦还根据自己的这段实践经历，撰写了《有效指导4阶段》一书，从而成为TWI的先行者。

不过，真正将TWI发扬光大的却是日本人。经过反复实践和优化，TWI在第二次世界大战后传入日本时已日臻成熟。因此，1951年，日本政府开始通过立法推动TWI；1955年，又专门成立了"日本产业训练协会"（简称"日产训"），继续通过这个组织向所有企业推行TWI的培训课程。直到今天，TWI在日本企业中依旧方兴未艾。TWI传入基本上是和丰田精益生产方式同步传入我国的。《丰田模式》一书的作者杰弗瑞·莱克说过，"TWI奠定了丰田的标准化作业的基础"，可见TWI在精益管理中的巨大价值。

一般来说，TWI分为四部分。

- JI（job instruction，工作指导）：基层主管有效指导员工的工具和方法。

- JM（job method，工作改善）：基层主管提升工作效率与效能的工具和方法。

- JR（job relation，工作关系）：基层主管与员工建立良好人际关系的方法。

- JS（job safety，工作安全）：基层主管防止灾害事故发生的对策和方法。

如果我们所在的是生产制造型企业，那么我们甚至可以直接引入丰田公司的TWI，以改进基层主管的工作能力。但是，我们所在的是非生产制造型企业，因此，我们只能变通地借鉴，学习TWI的精髓，而不是它的形式。那么，应该怎么让TWI为精益管理服务、为全员学习服务呢？在我看来，首先要转变TWI的服务对象，也就是将TWI由为生产制造服务转变为为精益变革服务。当服务对象发生转变后，我们就会发现TWI的四部分内容也可以随之调整（聚焦）。

• JI（工作指导）：基层主管有效指导员工开展精益的工具和方法。

• JM（工作改善）：基层主管提升精益实践效率、放大实践效果的工具和方法。

• JR（工作关系）：基层主管在管理关系之外与员工建立精益协作关系的方法。

• JS（工作安全）：基层主管在精益实践过程中防止安全事故发生的对策和方法。

这样梳理下来，我们很容易发现，要让TWI为精益管理服务，我们需要的只是一套有针对性的、面向基层主管的培训课程，以及对基层主管开展的系统培训。如果我们的精力有限，又觉得实在没有必要把基层主管单独拎出来开展专门的培训，那么，最好的选择就是把精益TWI的内容设计到精益黄带课程里，通过带级培训予以实施。我们当初采取的就是这种方法。

说完针对基层主管的TWI，我们再聊聊针对基层全员或者说普通员工的建议系统。什么是建议系统呢？顾名思义，就是鼓励员工，特别是在生产经营一线的员工对公司提出改进建议的系统。今井正明先生说过，建议系统是个人主导的改善的有机组成部分，也是高层管理者必须实施的一项周密的计划。实际上，建议系统是通过TWI引入日本的，并且在进入日本之后，很快就由"美式"转变成了"日式"。"美式"建议系统比较务实，强调建议的经济收益，并且会针对经济收益大的建议实施财务奖励。而"日式"建议系统更注重员工全员的积极参与，以鼓舞士气为最大目的。我们的建议系统是为了全员学习服务的，因此，我要向大家介绍的正是"日式"建议系统。

日本人际关系协会通过研究，将"日式"建议系统的建议主题概括为如下几个方面：

• 改进自己的工作。

- 节约能源、材料及其他资源。
- 改进工作环境。
- 改进机器和流程。
- 改进办公室工作。
- 改进模具和工具。
- 改进产品质量。
- 构思新产品。
- 顾客服务与顾客关系。
- 其他。

这十个方面大多是和生产制造有关系的，如果我们直接拿来用，就有点生吞活剥的意思。幸运的是，今井正明先生在《改善》一书中说过，只要建议能促成如下七个目标中的一个，就是好的建议。

- 使工作更轻松。
- 减少工作中的苦差。
- 减少工作中令人讨厌的事务。
- 使工作更安全。
- 使工作更富有成就感。
- 改进产品质量。
- 节约时间和成本。

大家看了这七个目标是不是茅塞顿开呢？只要基层员工提出的建议能达成这七个目标中的一个或者多个，这样的建议就是好的建议。接下来，我们要做的就是怎么让员工把这些好的建议提上来，为我们的精益变革服务，助力组织建立精益建议系统。

参照佳能等企业的先进经验，建立精益建议系统，大致分为三个步骤：① 建立并发布与精益建议相关的制度；② 帮助员工更快捷地提出建议；③ 对建议采纳结果定期公示。

建立并发布与精益建议相关的制度主要有三个目的：第一，告诉员工公司是鼓励提改善建议的，并且对于提建议这件事是有制度保障的；第二，让员工明白该从哪些方面提建议，或者说让员工看到好的建议是长什么样的；第三，让员工看到积极提建议的好处。只要我们发布的制度能够达到这三个目的，就是比较合适的。对于制度的具体内容，大家不用纠结太多，要相信制度的及时发布从来都比制度内容的完备重要得多。

关于帮助员工更快捷地提出建议，我的经验有两点：第一，光靠发布一项制度就想让员工动起来、参与进来，实在不现实。我们应当在发布制度之后策划一些主题活动，让员工更快地了解这件事情，并且尽可能地帮助员工完成第一个建议的提出。我记得我们当时策划的活动是与卖场现场改善有关的提建议活动，并且还将比较好的改进建议及建议落实情况在《S超市精益简报》中予以重点展示。第二，工欲善其事，必先利其器。就像前面提到的小改善模板一样，我们也需要为员工提供一个简单、好用的建议模板（见图5-4）。

S超市建议表（模板）

部门/门店（必填）_____	姓名（必填）_____	日期（必填）_____
建议类别（必填）：	建议内容（必填）：	
现场照片-改善前（必填）：		示意图-改善后（选填）：
可能产生的价值（选填）：		
主管建议（必填）：		

注：建议类别按"七个目标"可能的达成情况填写，请选择七个目标中的一个即可。

图5-4　建议模板

《吕氏春秋·先识览·察微篇》中记载了两个故事：一个是子贡拒金，另一个是子路受牛。"子贡拒金"讲的是鲁国颁布了一项新法令，只要有人看到鲁国人在外沦为奴隶，花钱把他们赎回来，便可以获得奖励。孔子的弟子子贡赎回了不少鲁国人，却拒绝了奖励。孔子批评子贡说：领取奖励，不会损害品行；但不领取，就没有人再去赎回同胞了。"子路受牛"说的是孔子的另一位弟子子路从河里救起了一名溺水者，那人送了他一头牛表示感谢，子路安心地收下了。孔子赞赏道：从此以后，鲁国人肯定会更加勇于救落水者。抛开儒家要探讨的道德规范不说，我们至少可以体会到好的行为是需要以好的奖励为引导的。对建议采纳结果定期公示，正是要让员工看到两点：① 大家提出来的建议无论好坏，都会被企业考虑，并且对于考虑结果也是有反馈的；② 对于好的建议、被企业采纳的建议，会给予相应的奖励。按照我们当年的实践经验，这两点是精益建议系统得以正常运行，并且在很长时间内稳健保持下来的关键，希望大家在建立精益建议系统时给予重点关注。

在这一小节中，我们谈到TWI，谈到建议系统，其实是分两个层级介绍了两种推进全员学习的方法。推广TWI的目的是帮助基层主管培养"精益领导力"，或者说把精益主管培养成精益教练员，让他们在基层的精益学习和实践的开展中起到助推和加速的作用。建立精益建议系统的目的是让基层员工以"提建议"为思考点、出发点，最大限度地参与到精益学习和实践中来。事实上，很多非常出彩的精益小改善就诞生于基层员工所提的建议。

最后，我想谈谈"铁粉""盟友""追随者"的区别。"铁粉"是忠诚度相对较高的粉丝，他们在精益推进和全员学习中能起到的最大作用在于影响力、支持力、信任力。"盟友"是我们的伙伴，是我们协作和争取的对象，他们能起到的最大作用在于帮忙落实、协助执行。"追随者"是愿意追随我们，下定决心跟着我们把精益变革当成一项事业来完成的人，他们既是精益思想的传播者、精益实践的开展者，也是精益学习的主力军、生力军。

小故事：奖金怎么分

从我们推进精益管理开始，无论是给《S超市精益简报》积极投稿，还是参与小改善做出了成绩，抑或是成为"精益达人"受到了表扬，在办公室5S运动等活动中获得了名次……参与到精益管理中的同事都会在各种情况下获得或多或少的奖金。获得奖金本来是一件好事，可是很多人却因为拿到奖金后不知道怎么处理而感到烦恼。闹到最后，竟然有不少精益对接人把这件事情当成一个议题，在精益工作小组的内部会议上正式讨论，希望以精益工作小组的名义把讨论的结果发布出去，给大家的奖金分配和归属提供一种官方的说法。暂且不说这种讨论是否有价值，单就我个人来看，谁的奖金归谁所有，不是天经地义的吗？有必要讨论吗？这件事情讨论来讨论去，自然也没有定论，我只能多次以个人名义知会各个业务单元、职能中心，一定要把奖金留给获奖的同事。不过，具体执行情况可就差强人意了。回想起来，这大概是我推进精益的过程中遇到的最不"精益"的一件事情了。

第六章

推进（广阔战场）步骤3：用项目认证倒逼产出

第六章 推进（广阔战场）步骤3：用项目认证倒逼产出

我们在读《史记·秦始皇本纪》的时候，一定会注意到秦始皇在统一六国之后，做了几件大事：一法度衡石丈尺。车同轨。书同文字。这些事情概括起来就是统一度量衡、统一车辆的制作标准、统一文字。如果再进一步提炼，那么我们会发现秦始皇其实是标准化的先驱，因为他做的始终是一件事，那就是在全国范围内推行统一的标准。标准化对于生产效率的提升意义十分巨大。秦始皇统一全国标准，是为了在全国范围内提高生产力。同样，我们要想孵化或者催生出更多的高质量精益项目，首先和一直要做的正是在全公司范围内统一标准，让大家清楚地知道什么样的项目才是好项目。

一、多熟悉精益项目：精益项目有等级之分

在聊到精益带级人才培养时，我们大致提到过精益项目，也和大家分享了不同的精益带级人才在接受带级认证时需要完成的项目不一样。比如，黄带项目带来的经济收益不低于2万元，绿带项目带来的经济收益不低于20万元，而黑带项目带来的经济收益则不低于50万元。这是从经济收益角度对三类精益项目做了最基本的划分。但是，我们如果只是单纯地从经济收益角度去划分精益项目的等级，就失之偏颇了。为什么这么说呢？我想和大家从"什么是项目"开始探讨这个话题，因为精益项目说到底只是一个比较特殊的项目而已。

关于项目的定义，至今仍没有一种统一的说法。能达成共识的地方在于，项目是有一定限定的、有明确目标的、一次性的、临时性的管理活动。关于项目的限定，一般来说，包括质量要求、时间期限、成本投入、风险控制四个方面。关于项目的明确目标，说明项目都是为了达成某个具

97

体的目标而发起、推进的，有很强的目标性。关于项目是临时性的管理活动，其实也很好理解。例如，项目是有既定的执行周期的，也就是说项目有它的开始时间点、结束时间点及中间持续的工期。又如，执行项目的团队大多数是临时团队。这些特征都能表明，项目相对于企业的日常性工作是一种临时性的、具有攻关倾向的管理活动。当然，也有人认为项目是用一种更系统的方法，集中力量攻坚克难，完成企业的大任务。

对项目有了基本的认识后，大家会发现单从项目的四个限定条件来看，项目就可以分成不同的类型（或者称为等级）。例如，以质量要求为标准，项目至少可以划分为高、中、低三个等级；以时间期限为标准，项目也可以划分为长期、中期、短期三个类型；以成本投入为标准，项目也可以划分为高、中、低三个等级……除此之外，比较常见的项目等级划分标准就是项目的参与人员，如由公司高层牵头发起并全程参与的项目一般称为高层项目或者战略级项目，由基层员工发起并全程推进的项目一般称为基层项目或者执行级项目。

总之，按照不同的标准，项目可以划分为不同的类型，精益项目更是如此。

虽然稍后我会和大家分享与精益带级标准相配套的精益项目的三个等级划分标准，但是，在此之前，我真的希望大家不要太迷信精益项目的等级标准，更不能一刀切地去管理它们，因为每个项目都有自己的特殊性。就像法国作家圣·埃克苏佩里在他的经典著作《小王子》里要表达的一样，你在你的玫瑰身上花费了多少时间，你的玫瑰就有多么红、多么鲜艳。

没错，在精益管理中，最常见的项目等级划分标准正是与精益带级认证配套的三个等级。也就是说，在精益管理的世界里，最常见的项目有三类（三个等级）：黄带项目、绿带项目、黑带项目。黄带项目的主要特征有：① 由只接受过最基础的精益管理知识培训的普通同事发起并全程推进；② 项目的改善目标和改善内容聚焦在某一具体的作业环节上；③ 项目周期一般不超过一个月；④ 项目有一定的经济收益，或者经济收益不低于2万元；⑤ 在项目执行过程中，提供指导的导师多为精益黄带级人员。对于黄带项目的界定标准还是比较宽泛的，只要这个项目与精益管理有关系，并且具有以上五个特征中的一个，我们都会认定它为精益黄带项目。黄带项目的标准之所以"放得这么宽"，主要是因为我们想鼓励更多人参与到精益变革中来。

　　提到精益黄带项目，或者说谈到精益项目，大家一定会有一个疑问，那就是精益黄带项目（精益项目）到底和精益改善及精益改善活动有什么关系？首先，精益改善活动倡导的是"改善无大小"，只要这个活动能把手上正在做的事情变得越来越好，我们就认定它为精益改善活动。那么，从这个角度来讲，精益项目其实是比较大的改善活动，属于改善活动中的"精品"。其次，当我们站在项目角度去理解小改善时，我们会发现小改善其实是一些不需要过多的人员、资源、时间投入就能完成的项目。那么，这两者就没办法区分开来了吗？当然不是。项目管理是管理学的一个重要分支，经过长期实践和经验积累，项目管理早就形成了一套成熟的管理方法、工具、理念。我们在推进精益变革的过程中开展精益项目，就是把项目管理成熟的方法、工具、理念引入精益管理中来，让它们为精益变革出力。

　　简单来说，精益项目就是用项目管理的方法开展的、适合项目化推进的改善活动。

　　对于那些不适合项目化推进的改善活动，都可以认定为精益小改善。

　　基于此，有些企业把改善活动从小到大划分为精益小改善、黄带项目、绿带项目、黑带项目四类。参照这个标准，大家应该很好理解精益项目和精益改善之间的关系。

　　聊完黄带项目，我们再介绍一下绿带项目和黑带项目的主要特征。

　　绿带项目的主要特征有：① 由黄带级人员主导并全程推进；② 项目的改善目标和改善内容聚焦在业务（职能）线条内的一个或者多个流程改

善上；③项目周期不少于三个月；④项目的经济收益不低于20万元；⑤在项目执行过程中，提供指导的导师多为精益黑带级人员。

  黑带项目的主要特征有：①由绿带级人员主导并全程推进；②项目的改善目标和改善内容聚焦在跨业务（职能）的系统性改善上；③项目周期不少于六个月；④项目的经济收益不低于50万元；⑤项目执行过程中，提供指导的导师多为公司高管（或者所谓的"黑带大师"）。

  熟知历史的朋友肯定嘲笑过"纸上谈兵"的赵括。其实，这个赵括并不简单，他的父亲是春秋时期赵国名将赵奢。赵括作为名将之子，从小就学习兵法，成年后，每每与父亲赵奢谈兵论战，就连赵奢都挑不出任何毛病。可他还是输在了决定赵国生死存亡的长平之战上。为什么呢？难道熟悉并精通理论知识有错吗？当然不是。在南宋诗人陆游的《冬夜读书示子聿》一诗中有这样两句："纸上得来终觉浅，绝知此事要躬行。"我想这两句诗已然很好地解释了赵括失败的原因，以及理论与实践之间的关系。

  我们了解了三类精益项目的特征，只是从字面上大致知道了它们都长什么样。可是，就像前文和大家分享的那样，每个精益项目都有自己的特殊性，大家要想真正地了解和熟悉这三类精益项目，只有一种办法，就是尽可能地走出办公室，走进项目现场，最大限度地参与到项目中去。这样做也是符合精益"三现原则"的。我们只有对这三类精益项目的"现场""现物""现实"了然于胸，才算真正地熟悉了它们。

二、多提供"吃螃蟹"的机会：鼓励个人推动的改善

  不知道大家有没有思考过一个问题：项目都是从哪里来的？为了寻求

第六章 推进（广阔战场）步骤3：用项目认证倒逼产出

这个问题的答案，我做过专门的统计，结果发现，在S超市里，15%的项目源自公司战略目标的拆解，20%的项目是各个职能中心、业务单元为了解决中、短期难题而发起的，余下65%的项目则全部来自员工的自行发起。当然，员工发起的项目并不是为了达成个人的什么目标，而是围绕公司战略目标的达成，为了解决各个职能中心、业务单元面对的中、短期难题，只是这类项目的发起与前两类项目的发起的最大差别在于，这类项目是自下而上的，或者说是非任务承接性质的发起。

我们都知道精益项目也是项目的一种，那么，它的发起方大概也应遵循15%、20%、65%这个比例。这个比例用在精益项目中是否精准，大家可以自行探讨，但是，我们可以看到一个基本的事实，绝大多数精益项目都是由员工自行发起的。除此之外，在精益推进过程中，我们一直坚持的原则是"拉动"，而非"推动"。因此，鼓励员工积极地、自发地发起精益项目也是我们需要努力的方向。但是，按照我的经验，在鼓励员工自行发起项目的过程中，我们会遇到两个难题：① 员工对项目望而生畏；② 员工没有合适的项目课题。

就像我想让大家加深对精益项目的印象时，一定要从什么是项目说起一样，在绝大多数同事，特别是没有接触过项目和项目管理的同事看来，项目其实是一个神奇的存在，推进项目也并非人人都可以做的事情。当然，这样的认知其实是不正确的。精益管理人人可以参与，精益项目也是人人可以推进的。但是，这样的认知障碍是真实存在的，也在很大程度上影响着更多精益项目的发起和推进。因此，在广阔战场上推进精益项目时，我们首先要做的就是设法消除这样的认知障碍，让员工不再对项目望而生畏。

如果我问大家，敢不敢吃西红柿？可能要被大家嘲笑了。因为大家不仅敢吃西红柿，还敢把西红柿变着花样吃。但是在最初的时候，面对这种红色的浆果，人们却是有些恐惧的，更别说狠狠地咬一口了。关于西红柿的起源可以追溯到16世纪的英国。据说有位俄罗达拉里公爵,他在南美洲发现了西红柿这种外形漂亮,颜色鲜艳的浆果,并且把它带回了英国皇家园林栽种。随后,100多年中,人们只把西红柿当成一种景观植物去欣赏。直到有位法国画家喜欢这种红色浆果喜欢到痴狂,终于鼓起勇气,决定冒死一试。画家召集了好多人,在众目睽睽之下,鼓起所有的勇气咬了一小口西红柿,然后,平静地躺在床上,等着死亡的到来。然而,事情的结果却是,他并没有感到不适,从而开启了人类食用西红柿的先河。

当我们回顾人类开始食用西红柿的整个过程(见图6-1),我们会发现三个关键词:发现、喜欢、食用。这三个关键词同样可以适用在消除精益项目认知障碍上。

发现西红柿　➡　喜欢西红柿　➡　食用西红柿

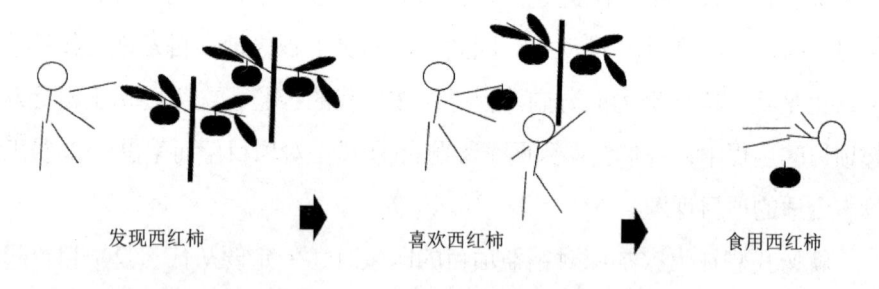

图 6-1　人类开始食用西红柿的过程

首先是"发现"。按照人类征服世界的习惯,一件东西只有先被人类看到了,也就是发现了,才有可能被人类征服。比如珠穆朗玛峰,如果人类不知道这座世界第一高峰的存在,则是不可能动攀登它的念头的。基于这个习惯,我们要尽可能地让公司全员看到精益项目,让大家真切地感受到"精益项目不过是一个这样的东西"。要让公司全员看到精益项目,最常见的做法有两种:一种是被动的精益项目介绍;另一种是主动的精益项目经验分享。

被动的精益项目介绍操作起来很简单,只要我们把容易打动人的精益项目的资料稍稍整理一下,形成书面材料(最好附带一些现场图片),然后在全公司范围内进行张贴式介绍就可以了。大家还记得我们为《S超市精益简报》专门开辟的"精益角"吗？我们就经常在"精益角"里介绍精益项目。从实际介绍效果来看，那些发生在员工身边的、日常可见的精益项目最能打动人，也将很多同事吸引进了精益管理的世界里。因此，被动的精益项目介绍并不是没有效果，建议大家不要忽视这种做法。

主动的精益项目经验分享需要我们组织精益项目参与人员进行专题专案分享，特别是那些项目产出听起来就让人信服的项目最值得分享。在S超市里有一个总经理和一线员工面对面的活动，这是一个长期的活动，一开始是线下的，到了我们推进精益管理期间，已经变成了线下+线上同步进行。为了推进精益管理，我们经过申请，在该活动中争取到半小时的时间，专门用于优秀精益项目经验分享。从实际分享效果来看，这样的"搭车式"分享，一方面，让公司总经理和参会的高管定期了解了精益管理的推动成果；另一方面，让公司员工看到了公司对精益管理的重视程度，同时也让项目分享人有一种特殊的荣誉感（相应地，项目分享准备的认真程度也会提高）。在这里特别分享了我们在S超市里的做法，就是想告诉大家，相比中规中矩的精益项目专题分享，这种"搭车式"分享有时候会收到意想不到的效果。不过，如果我们没有或者没办法争取到这种"搭车式"分享的机会，那么中规中矩的精益项目专题分享也不失为一种最佳选择。

其次要做的是"喜欢"。一个人对一件事情的喜欢，排除情感因素，一定有两个原因：① 觉得这件事情对自己是有好处的；② 这件事情的参与门槛一定是可以接受的。我们想让大家喜欢上精益项目，如果纯打感情牌，则会面临一个问题，那就是我们没办法控制打感情牌的效果。如果要让事情受控，那么我们的工作重点应当放在情感因素之外，设法让员工都能找到喜欢上精益项目的那两个原因。这件事看起来似乎有些困难，甚至感觉没办法入手，其实很好操作，那就是做好老帮新，尽可能多地让同事参与到精益项目中来，哪怕做一个观察员，全程观摩精益项目的操作过程，或者以记录员、资料整理员的角色帮助推进项目的同事做记录、整理资料。只要让同事参与到精益项目中来，他们一定会找到那两个原因，从而喜欢上精益项目。当然，我们也需要做好两手准备，一旦有些同事参与到精益项目中后体验感并不好，那么他们很有可能与精益管理渐行渐远。不过，以我们当年的经验来看，渐行渐远的毕竟是极少数人。所以，当大家面对这种"适得其反"的情形时，也不要太在意，绝大多数人还是在参与精益项目的过程中成为精益达人。

最后要做的是"食用"。谈到"食用"，自然不是怎么把精益项目"吃掉"，而是怎么帮助同事实现"0的突破"，做好职业生涯中的第一个精益项目。要想帮助同事，基本的知识和技能培训肯定是十分必要的。不过，在这里我并不想强调这一点，因为这一点大家肯定都能想到。我想分享的有两件事：① 对现有精益达人作用的发挥；② 项目发起标准化。我们现有的精益达人一定是热衷精益管理，想在精益变革中发挥作用，并且成功推进了精益项目的那部分人。在精益推动过程中，大家除了应看重他们作为精益参与者个人价值的发挥，还应重视他们的影响力和对身边同事的帮扶作用。如果条件允许，那么我们其实可以把对身边同事的帮扶程度作为对精益达人的评价和奖励标准。"星星之火，可以燎原"，现有的精益达人就是我们的星星之火，要想形成燎原之势，必须让他们不断地"点燃"更多的人。

看过英国数学家安德鲁·霍奇斯所著的《艾伦·图灵传》一书的朋友一定会注意到，图灵最伟大的地方在于，他将人类思考的过程也通过标准化的手法模拟出来。既然如此抽象的思考过程都可以标准化，那么，项目发起这件本就是按步骤推进的事情自然也可以标准化。在S超市里，为了帮助同事更快、更简单、更容易地完成项目发起，我们总结了很多优秀项目的经验，发布了一套仅有半页A4纸的《精益项目发起123》，以工作指引的形式，分步骤告诉大家精益项目该怎样发起。

《精益项目发起123》的核心内容包括：① 项目描述，即如何把项目要做的事情说清楚；② 项目目标，即如何明确项目要实现的关键目标；③ 项目团队，即这个精益项目都有哪些人参与，具体的分工是怎样的；④ 项目备案，即项目如何在精益对接人处备案。这些内容都是最基本的，看似有些零碎，价值却很大，它们可以帮助精益项目组和发起人梳理思路，明确自己为什么而出发、将要去往哪里。这正是整个项目的起点。大家也可以参照自己所在企业的实际情况，试着发布一套简单易上手的《精益项目发起123》。

聊完如何解决"员工对项目望而生畏"的话题，我们再聊聊如何解决"员工没有合适的项目课题"的话题。其实，在探讨寻找最佳突破口的时候，我们已经系统地聊过这个话题，并且和大家分享了要学会倾听顾客的声音，在现有工作中寻找机会点。在这里稍稍提及一下，帮助大家打开思路，串联一下前后内容。事实上，我们除了可以在日常工作中寻找合适的项目课题，还可以开展一些主题活动，帮助大家打开思路。例如，我们当初就针对商品管理中的五个异常指标开展了主题活动，从而孵化出一系列精益项目。

总之，我们要多提供"吃螃蟹"的机会，尽可能地帮助每个员工实现"从0到1"的突破。

三、多组织项目认证活动：
规范团队推动的改善

就像大家看到的那样，我们在前面两节中聊了精益项目，聊了精益项目的发起，本节自然要顺着这个思路，聊聊精益项目的推动，或者说如何通过有效的手段确保已经发起的精益项目都可以顺利地被推进下去。不过，在正式开始之前，我想和大家一起做一个小小的回顾。大家应该也看到了，从第四章开始，我们引入了一个概念叫"广阔战场"。

什么是广阔战场呢？首先，它意味着有很大的一群人；其次，它意味着有很大的覆盖范围；最后，它还意味着我们没办法一对一、手把手地帮助每一名"战士"。就像指挥集团军作战一样，面对这样的广阔战场，我们一方面，要敢于竖起大旗，指出作战方向，制定基本的作战策略，另一方面，要不断培养战士，为战场持续输送优质的"有生力量"。除了以上两个基本的"胜利保障"，我们还应当及时关注战场形势，设法引导各个作战单位及每一名战士向着"胜利的方向"前进。在本章中我们探讨的主要话题正是如何向着胜利的方向前进。那么，我们为什么要在这个大话题下谈精益项目呢？因为精益项目基本上等同于精益变革的骨架。我们有什么样的精益项目在推进，就意味着我们在塑造怎样的变革骨架。我们有多少精益项目取得了好的成绩（变革性突破），就说明我们的变革骨架已经打造完成了多少。因此，从保障精益变革的质量、提升精益变革的成功率的角度来讲，我们是希望所有的精益项目都可以被顺利推进的。

既然精益项目如此重要，还必须把发起的项目尽可能地全部做完、做好，我们是不是很有必要对每个项目展开追踪，然后使出浑身解数，确保它们都可以被顺利推进呢？最好的状态肯定是这样的。不过，大家别忘了，我们面对的是广阔战场，指挥的是"集团"作战，即使我们想这样做，也没办法实现。基于此，我们应该回归精益推进的基本思路——拉动，去想想有没有什么办法可以以点带面，做一件"很小"的事情就可以拉动整个战局。聊到这里，不知道大家有没有回想起本章开篇时我们聊过的秦始皇。如果"车同轨、书同文"可以提高秦国的生产效率，那么，我们规范精益项目的推进，会不会也可以提升项目的推进效率呢？答案当然是会，而且这正是经过实践检验最为有效也最合适的方法。

有人可能会说，精益项目不是有等级之分吗？三个等级的精益项目不是有相应的特征吗？我们只需要把这些特征告诉推进项目的同事不就可以了吗？为什么还要组织专门的项目认证活动？是不是有些多此一举，把简单的事情搞复杂了呢？其实不是的。

精益项目的等级划分、三个等级的精益项目的特征和精益项目认证是不同的概念，在内容上也是有很大差别的。第一，精益项目认证是"活的"，而精益项目的等级划分和特征是"死的"。我们说精益项目认证是"活的"，是想和大家分享，精益项目认证是围绕无数个生动的、发生在我们身边的精益项目开展的，它具有冰冷的等级划分标准和特征，不可能具备属地性、感染力、影响力，以及推广平台价值。第二，精益项目认证具有多元的、开放的参与群体，同时参与到精益项目认证中来，也是总结经验、自我省察、自我提升的过程。第三，精益项目认证并不是一个孤立的、单独的环节，它可以有效串联精益项目发起、项目推进、项目价值评估、项目成果的推广和应用等项目生命周期中的所有环节。第四，精益项目认证可以起到及时纠偏的作用。我们开展精益项目认证并不是为了"盖棺定论"，而是为了在推动精益项目的同时开展质量改善活动。如果把精益项目认证放在"戴明环"里，那么它一定是"C"即检查环节。检查并不是终止，而是为了及时改进，及时提升项目质量。

说了这么多，相信大家一定对精益项目认证充满了好奇，都想知道这到底是怎样的一种项目质量改善活动。那么，接下来就详细地聊聊吧。精益项目认证最早是和精益带级人才认证相配套的项目质量认证，其主要作用在于检核精益带级人才的学习实践成果，为精益带级人才认证提供参考。这种活动的基本形式是先由项目认证人将准备好的项目总结材料提交至认证活动组织方，然后由认证活动组织方邀请相关专家，公开或者非公开地对项目质量进行评判。随着精益管理的推广，特别是精益带级人才认证的普及，精益项目认证的价值逐渐被企业所发现。并且随着精益项目实践的深入开展，精益项目认证已然从精益带级人才认证中剥离出来，成为一种可以独立开展的项目质量评估、改善活动。

划重点了！那具体怎么操作呢？看实操案例。

我们在S超市里组织精益项目认证活动的流程一般是这样的：① 发布精益项目认证活动通知；② 通过精益对接人在各职能线条和大区内征集拟认证的项目；③ 根据征集到的精益项目的议题，邀请公司高管、精益专家（黑带、绿带等）、职能线条的专家、区总或城市公司经理共同组成认证评审团队；④ 确定活动日期，发布活动安排，邀请尽可能多的同事莅临现场或者在线参与活动；⑤ 组织精益项目认证活动；⑥ 追踪项目整改效果。

实践活动总是丰富多彩并且充满了变数的，因此，我们的精益项目认证活动在遵循基本脉络的同时，并不是一成不变地按照既有流程往下推进的。例如，随着精益项目在S超市里的广泛开展，项目认证的覆盖范围几乎很少达到全公司那种程度；相反，聚焦在某个职能线条内、某个区部内，甚至某家城市公司、某家门店内的项目认证活动越来越多。受到精益项目更加聚焦的影响，我们邀请的评审团队的组成人员，除了精益专家保持不变，其余人员也更加贴近一线，不少门店店长、走专业线的业务大拿也参与到精益项目认证中。此外，精益项目认证活动的举办周期也从一开始的半年一次迅速缩短，变成了一月一次，甚至双周一次。活动的组织方和发起方也由精益推进小组转变为精益对接人、区部、城市公司、门店……总之，现在回想起来，大家似乎有些乐在其中。因为精益项目认证做到最后，每个人的项目都可以被拿来认证，人人也都有机会成为项目质量的评判者。人们常说真理越辩越明，我觉得我们在S超市里开展的精益项目认证在很大程度上起到了这个作用。

聊完精益项目认证的形式，我们来聊聊它的实质，也就是这种活动究竟在认证什么。

第一，它认证的是项目的价值。我们评判一个项目是否有价值，至少有四重标准：① 作为黄带/绿带/黑带项目，它到底够不够格、符不符合标准？② 它有没有真的为公司带来正向的改变？③ 开展这样的项目是不是在为公司的精益变革服务？④ 这样的项目是否具有可复制性，能不能跨店、跨区域、跨职能推广？这四重标准正是评审团队经常难为参评项目的地方和最关键的内容。如果一个精益项目连这四重标准中的一重都满足不了，那么它一定是一个毫无价值并且做得走样的项目。如果一个项目能同时满足这四重标准，那么这一定是值得全公司为之瞩目的优质项目。

第二，它认证的是项目组的眼光。任何精益活动都是为了精益变革服务的，我们开展精益项目认证活动也不例外。因此，在精益项目认证过程中，我们应当回归本质，去思考这个项目到底为业务发展、为公司运营带来了哪些改变。假如某个精益项目改变了日常作业习惯、改变了现有工作流程、提出了某条业务线的系统改进建议，那么，该项目组一定对日常作业习惯、现有工作流程、业务线的运营状态有过深入思考，并且通过观察、测量、反思，提出了值得改进的设想（或者值得探索的方向）。从这个角度来讲，我们认证精益项目，也是在评判项目组思考、观察、测量、反思的过程，以及他们确定实践方向的眼光。

第三，它认证的是项目组的努力程度。这一点最好理解，精益管理鼓励的是人们投身精益的热忱、拥抱变革的决心，以及把精益管理当成改变现状的途径的勇气。我们在认证精益项目的过程中，除了能看到项目的价值、项目组的眼光，还能看到项目组的努力和付出。

我们经常会说"没有规矩不成方圆"，精益项目认证的价值差不多就是这样的。它像一个永不停歇的圆规，不断地认可着符合要求的精益项目，同时用鲜活的案例告诉更多的人（通常是公司全员），什么样的项目才是足以驱动精益变革的好的精益项目。

除了以上分享的内容，为了让精益项目认证更加有效果、有影响力，我们还需要在认证完成后，配套开展相关的公示、奖励、追踪、推广等工作。我们将在本章的最后一节中对这些内容做详细的分享。说一千道一万，只有把精益项目认证的结果落在实处，精益项目认证活动才会更加具有公信力，才能更好地起到导向作用，才可以在广阔战场上牵一发而动全身。

四、多开展项目辅导工作：灌输用数据说话与可视化理念

我们虽然一再强调广阔战场这个概念，但是并不是说在精益项目推进过程中大家不需要做任何具体的工作。相反，我们还有很多事情可以做，项目辅导就是其中最常见的。

简单来说，项目辅导就是为正在推进的精益项目提供一些智力输入。

这些智力输入从内容构成上可以包括：① 项目质量要求；② 项目参与人员建议；③项目推进策略；④ 项目执行效果反馈。从精益项目的生命周期来看，项目辅导可以覆盖从立项到结案，乃至项目完成后的固化、推广等整个过程。另外，项目辅导的方式除了常见的指导工作式，还有进驻项目组和关键节点支撑两种方式。其中，指导工作式是指项目辅导人员以独立于项目组之外的专家、权威的身份，在项目推进过程中，为项目组提供专业的指导和建议。进驻项目组方式是指项目辅导人员以项目成员的身份参与到精益项目的推进中来，在项目推进过程中，全程提供专业知识、技能、工具的支撑。关键节点支撑方式有两种操作方法：第一种是在项目推进受阻的情况下，项目辅导人员及时提供专业支撑，帮助项目组渡过难关；第二种是针对项目关键里程碑实施的辅导，要求项目辅导人员在精益项目的每个关键里程碑达成前后，及时为项目组提供专业支撑，一方面，确保关键里程碑可以在既定时间点达成；另一方面，帮助项目组检核关键

里程碑的达成效果和质量。

我在这里鼓励大家多去开展项目辅导工作，除了因为这项工作真的很有价值，还有一个重要原因，那就是很多精益大师都做过这件事。并且从某种程度上讲，精益管理之所以能从制造型企业的日常管理中脱颖而出，进而形成一种管理流派，正是因为精益先驱在通用、丰田、三星等企业中持之以恒地开展了项目辅导工作。直到现在我都记得，在刚刚接触精益管理时，负责培训的老师说过，日本的管理大师大多个头不太高，他们在对精益项目实施辅导的过程中，经常会挺起腰杆在项目涉及的作业现场扫视一圈，然后对项目实施人员说，"把那些高的都给我变矮，在我眼睛看不到的地方，一定有值得改善的地方"。在这里分享这个有些好玩也有些过于严苛的小故事，是想让大家知道，当你走进某个精益项目，为项目实施辅导的时候，你扮演的角色其实是和无数精益先驱一样的。我们虽然不能幻想着自己可以给精益管理这门学科带来颠覆性的贡献，但是也不能降低对自我的要求。古人常说"教学相长"，是想告诫我们，无论是教的（实施辅导的人）还是学的（精益项目组的成员），都会在教学（开展项目辅导）过程中有所成长、有所收获。我们在为精益项目实施辅导的过程中，也应当有此追求。因为知识和技能是最能经受住淬炼的东西，并且越淬炼越精纯。

此外，随着精益实践的开展，精益项目的辅导方式也早就告别了以往单纯的说教和严苛的批评。我们在S超市里开展精益项目辅导时，更多采用的是送培训上门、现场观察和经验交流座谈会这三种方式。

送培训上门自然不是随便选择一门与精益管理相关的课程就往项目组那里送，而是根据项目组在项目推进过程中感到"卡脖子"的地方，或者近期遇到的难题，进行有针对性的课程选择，然后送课上门。并且在实施培训的过程中，我们要帮助项目组定位问题的关键所在，尝试寻找突破瓶颈、解决难题的办法。这类培训一般不需要太长时间，一两个小时或者半天时间就足够了。只要讲师和项目组全员全身心投入，培训就一定会有效果，也可以有效地帮助项目组解决难题。说白了，这种培训就是有针对性的研讨式培训。

现场观察操作起来同样不复杂。它要求项目辅导人员腿勤、眼尖、手快，在深入开展精益项目的工作现场前，要做好相关功课。腿勤是想告诉我们，一次深入现场并不能发现问题，只有多次深入现场才能帮助项目组解决问题。眼尖要求项目辅导人员在勤于观察的同时，还应拥有敏锐的嗅觉。古诗有云："横看成岭侧成峰，远近高低各不同。不识庐山真面目，只缘身在此山中。"我们作为项目辅导人员深入项目现场的时候，是具备项目组成员所不具备的第三方视角的。大家只要用心去观察，用自己所掌握的精益专业知识去判断，总能查漏补缺，找出被项目组见怪不怪、长期忽视的地方，这些地方往往正是阻碍项目推进的关键所在。手快要求我们在走访、观察的同时及时做好记录。好记性不如烂笔头，一份清晰、完整的走访记录通常会帮助我们厘清头绪，更迅速地定位问题。提前做好功课，要求项目辅导人员在深入项目现场之前及时收集与项目相关的资料，并且尽可能地从字里行间找出那些足以引起我们怀疑或者好奇的地方，然后带着这些疑问去现场观察，以提升辅导效率。现场观察只是一个过程，真正对项目组有价值的是我们作为项目辅导人员，在完成现场观察后为项目提出的反馈和推进建议。因此，现场观察这种辅导形式通常是需要一份书面或者口头的反馈的。当然，也有不少项目辅导人员采取了边辅导边反馈的方式。总之，现场观察一定要有反馈。

经验交流座谈会这种辅导方式有一点"老帮新""优秀带落后"的意思。具体的操作方法是：当某个精益项目出现推进迟缓或者很难继续推进的情况时，项目辅导人员可以根据该精益项目的性质、涉及的内容、项目成员构成等，有针对性地邀请做得比较好的同类型项目（或者相似项目）的项目组成员与被辅导项目的项目组成员相互交流，从而达到借鉴成功经验、打通思路的目的。项目辅导人员在组织经验交流座谈会时，尤其要注

第六章 推进（广阔战场）步骤 3：用项目认证倒逼产出

意两点：① 维持轻松的氛围，让交流双方都愿意敞开心扉；② 以维持秩序为主，不去干涉交流。其实，这跟组织头脑风暴讨论活动有点儿类似：思维激荡，畅所欲言，维持纪律，不作评判。

鉴于项目辅导人员在项目辅导过程中扮演着专业性、权威性的角色，对精益项目组拥有极大的影响力，因此，在完成辅导工作的同时，项目辅导人员还应承担起传播精益价值的责任。

在这里我想谈谈两个必须帮助精益项目组树立的价值观：① 用数据说话；② 可视化。

爱德华兹·戴明博士说过，"任何人都得用数据说话"，可见用数据说话在质量管理领域有多么重要。我们都知道，精益管理是从质量管理中孵化出来的管理学科，它天然地继承了质量管理用数据说话的基因。事实上，当我们学习丰田精益生产方式的七种工具时，我们能明显地感觉到精益管理本身也需要用数据说话。另外，我们在前面聊过，精益项目基本上等同于精益变革的骨架。为了把精益变革的骨架打造好，打造得合格、牢固，我们更应该把用数据说话的理念注入其中。那么，什么是用数据说话呢？最基本的要求是，我们在描述一件事情的变化时，至少应当有数据的对比。放在精益项目里，第一，项目要有明确的可追踪的量化指标。例如，我们做过一个关于改善超市收银台排队状况的项目，这个项目有两个核心的量化指标：客户收银等待平均时长和收银员每小时收银笔数。第二，在项目推进过程中，要全程追踪量化指标的变化，用量化指标的改善情况来判断项目的推进情况和推进质量。回到我们那个收银项目，就应当全程追踪客户收银等待平均时长和收银员每小时收银笔数这两个指标的变化。第三，在项目结案时，要善于呈现关键指标的改善情况，学会用数据讲故事。就像我们那个收银项目结案时项目组做的那样，先呈现两个指标的改善情况，再分享项目都使用了哪些具体的方法。大致的故事逻辑应当是这样的：先用数据的更新让大家看到变化，让大家信服，再告诉大家我们使用什么方法取得了现在的成绩。

可视化是精益管理一直强调的理念，对该理念的应用最有名的莫过于看板管理。看板是一种类似通知单的卡片，其主要作用有两个：① 动态传递生产过程中的信息、指令；② 即时呈现生产线的产出情况。它的伟大之处在于不仅把生产的过程用这些"卡片"（或者电子显示屏的数字变化）串联起来，还让生产者在生产过程中即时掌握了产出情况。我们要在精益项目中树立可视化理念，有两个目标：① 帮助项目组养成用简洁的符号语言传达、呈现信息的习惯；② 让项目指标流动起来，让项目推进过程变得透明、可控。

什么是简洁的符号语言呢？首先，它至少不应该是一大段文字，而是让人一目了然的符号或者图形、图片。我们在推进精益小改善时，要求改善人把改善前后的变化用照片的形式呈现出来，而不是用文字描述出来，其实也是在培养大家使用符号（图片）语言介绍事情的习惯。其次，在符号语言的使用中，应当尽量保持符号的一致性，或者在条件允许的情况下统一使用标准化的符号。就像我们用Visio绘制流程图那样，每一个流程节点的图形应当是一样的。最后，这些符号语言不应该是静止的，而应该是动态的、可更新的。我们使用符号语言的基本目的是描述一种变化，即精益管理给企业带来的大大小小的变化。既然是变化，那它就应该有一个不断朝着我们所期待的方向改变的过程。

在使用符号语言时，需要把变化的整个过程呈现出来。以我们那个收银项目为例，我们可以设计一张放置在收银台前的卡片，当某个时段的收银指标达到要求时，我们可以在卡片上画一个小太阳；当收银指标达不到要求时，我们可以在卡片上画一颗星星。如此一来，我们只需要朝着卡片上扫一眼，就可以知道这个时段的收银效率如何。当然，这些太阳和星星长期积累下来，也可以给我们的精益项目推进提供一份动态的观测结果。我们强调让项目指标流动起来，让项目推进过程变得透明、可控，正是想让大家在项目推进过程中多多使用符号语言去追踪关键指标的变化，并且把指标的变化简洁明了地呈现出来。

最后，关于项目辅导的价值，我想再多分享一点儿。

当我们开展精益项目认证时，一般会有两种结果：项目要么通过认证，要么无法通过认证。项目通过认证当然皆大欢喜，可是，当项目无法通过认证时，我们就需要及时评估项目的价值，采取一定的帮扶、矫正措施。这时候，项目辅导工作其实是能派上用场的。它可以为精益项目提供精确的诊断，帮助项目组寻找到继续推进项目的出路和思路。希望大家把精益项目认证和项目辅导配合使用，这样才可以把这两个活动的价值发挥到最大。

五、多给予员工肯定：借鉴戴明奖与自我实现理论

进入本节，关于精益项目的话题已接近尾声，为了帮助大家把精益项目对精益变革的驱动作用发挥到最大，我想谈一谈精益项目的奖励问题。如果大家把本章所有小节的内容看成一个闭环，那么本节内容将是这个闭环的最后一环，主要分享的精益项目的"后管理"。什么是"后管理"呢？就是我们在完成精益项目后，还能做些什么，以及如何运用多种管理手段把精益项目输出的各种成果的价值发挥到最大。按照惯例，在正式进入话题之前，我们先补充两个知识点：戴明奖和自我实现理论。

戴明奖，顾名思义，一定是和爱德华兹·戴明博士有关的一个奖项。这个奖项实际上是日本质量管理领域最高的奖项，也是在世界上影响范围最广的质量奖项，是世界三大质量奖项之一。戴明奖创立于1951年，是为了纪念和肯定爱德华兹·戴明博士为日本质量控制领域做出的卓越贡献而设置的国家级奖项。

戴明奖的奖项设置共分三类：戴明奖、戴明应用奖、质量控制奖。戴明奖用来奖励那些在全面质量管理领域做出杰出贡献的组织和个人。戴明应用奖用来奖励那些在规定年限内，通过运用全面质量管理使组织获得与众不同改进的组织和个人。质量控制奖则颁发给组织中通过使用全面质量管理中的质量控制和质量管理方法，在规定年限内获得与众不同的改进效果的部门。从奖项的分类中我们可以看出，戴明奖几乎覆盖了全面质量管理的推广、应用、落地所涉及的所有领域的组织和个人，甚至连组织中的部门级单位也没有遗漏。

很多人看到这个案例会不自觉地发问：为什么一个奖项能发挥这么大的作用？因为奖项是风向标，是导向，是一面旗帜。我们要肯定什么、鼓励什么、倡导什么，都可以从某个奖项的设立中传递出来。此外，奖项还是一种积累，它意味着对过往成绩的肯定，同时也是下一阶段的起点。日本正式把戴明奖当成SDCA中的S（SDCA又称为SDCA循环，它是在PDCA基础上衍生出来的有关标准化的循环，其中S是标准化，意味着对现有质量管理水平的标准化、固化，然后在此基础上进行新的PDCA），不断鼓励着新的SDCA循环，从而实现了全面质量管理水平的螺旋式上升。在戴明奖的背后有一个专项基金提供支持，所有获奖者都能拿到一笔丰厚的奖金，用于质量管理水平的继续提升。

我们在这里探讨戴明奖并不是鼓励大家去申报这个奖项，而是想让大家看到奖项的价值，理解奖项的作用并不是肯定某个部门、某个人的成绩那么简单的。实际上，在推进精益变革的过程中，设置极具影响力的奖项也是很重要的推进策略。

放下奖项设置暂且不提，我们再聊聊自我实现理论。自我实现理论是由美国心理学家马斯洛率先提出来的，它是著名的"需求层次理论"的顶层部分，它想要表述的是人类在实现生理、安全、社交、尊重四个需求之后都有追求未来最高成就的人格倾向性，是人类最高层次的需求。之所以分享自我实现理论，是因为我想提醒大家，企业中的每位员工参与到精益变革中来，一定有他们要实现的职场目标和人生追求。我们推进精益管理、推动企业变革，说到底是想推动人的变革。我们追求高质量发展，最基本的肯定是在追求人的高质量发展。因此，无论是检验精益管理推进情况，还是评估精益项目、精益小改善的成果，我们首先要做的就是对人的成长质量进行评估。

补充完知识点，我们再回到精益项目的"后管理"。

首先我们要弄清楚的是精益项目"后管理"到底要管理什么。总结起来，"后管理"需要管理的内容主要包括：① 精益项目的成果；② 项目成果的应用；③ 精益项目的效率改进。

其中，精益项目的成果主要有直接成果、经济收益、指标改善、流程优化、效率提升、质量改进及人的提升等。项目成果的应用最基本的方式有三种：第一种，直接应用。尤其是现场改进类的项目成果，基本上可以直接拿来就用。第二种，成果固化。对于流程优化、效率提升、质量改进类项目成果，最好的做法就是利用标准化手段，将它们一一固化下来，然后加入现有作业标准中，或者用项目产出的新标准去更新旧有标准，推动公司整体运营、作业标准的更新迭代。第三种，成果推广。对于一些可以复制或者可以放大成果的精益项目，我们可以先在标准化的基础上，把它们变成便于异地操作的1，2，3，4，再予以推广。除此之外，狭义的精益项目成果应用还专指对于项目参与人员的奖励。至于精益项目的效率改进，则要求项目参与团队对项目推进的整个过程进行全面反思，对于在项目推进过程中表现差强人意的地方提出改进方案，对于在项目推进过程中表现好的地方及时总结经验，从而为公司不断积累精益项目推进经验，进而持续地提升精益项目的推进效率。

纵观精益项目"后管理"管理的这些内容，我们会发现，要想取得不错的管理效果，除了要发布一系列规章制度，还要让员工养成良好的工作习惯。可是，即使发布了规章制度，也会有一个是否照章执行的问题。至于要求员工都养成良好的工作习惯，那就更加不可控了。在这种情况下，我们需要采取一种"软中带硬"的措施来确保精益项目"后管理"取得良好的效果。

那么，"软中带硬"的措施究竟是什么呢？其实只有七个字：多给予员工肯定。就像日本设立戴明奖一样，我们肯定的方向就是需要员工为之努力的方向。另外，在介绍自我实现理论时我们聊过，员工在参与精益变革的过程中，一定有他们要实现的个人目标。从人性具有多元性的角度来讲，这些个人目标有的可能比较自我，有的则体现了员工的职业抱负和人生理想。当员工正向的个人目标与我们的精益变革相契合，并且在精益变革中起到了很好的助推作用时，我们及时给予员工肯定，就是在用实际行动告诉员工这样的个人目标是可以在精益变革中实现的。相应地，其他没有得到肯定的个人目标显然并不适合再借着精益变革的大潮实现。

在绩效管理领域有一种比较常见的激励方法叫作"利益即现法"，说的是员工在有好的绩效表现时，我们应该及时给予肯定。初听这种方法大家也许会觉得陌生，但是这种激励方法已经深入我们生活中的各个角落。例如，我们在购物过程中经常会看到"满100减20"的活动，实际上，这种满减促销方法背后的逻辑正是"利益即现法"。它先让我们看到，如果消费金额达到100元，就会给我们20元的减免，然后当我们的消费金额真的达到100元时，就立即在账单上给予我们20元的减免。这就形成了一个消费过程中的良性循环：买得多优惠多（奖励得多）。在给予员工肯定的过程中，我们其实也可以引入"利益即现法"，把肯定即时分布在精益项目推进的每一个环节上（如果我们的精益项目有清晰的里程碑，那么这种方法其实是可以和每个里程碑的达成相结合的）。当然，我说的即时分布并不是指均匀分布，我们给予员工肯定一定要在"言之有物"的同时做到"物有所值"。说白了就是，对员工的肯定要有针对性，不能泛滥、随意，对员工的奖励（包括物质和精神上的奖励）一定要让他们觉得自己此前的付出是值得的。

最后，依照我们的经验，如果企业真的把推行精益管理当成走向高质量发展的必由之路，那么我还是建议企业为精益管理单独设立一些公司级奖项。如果公司级奖项没法实现，那么我希望大家尽可能在职能线条、业务单位内帮助"积极推进的精益人"争取一下。如果这一点还没法做到，那么我建议大家至少应当养成一个良好的习惯，在任何场合、任何情形下，当我们与正在推进精益的员工接触时，请不要吝惜我们的赞美，大胆、主动地给予员工肯定。

小故事：不患寡而患不均

在S超市刚开始推进精益管理那会儿，精益工作组能拿到的奖励只来自上级单位。因为上级单位下面不止S超市这一家单位，所以我们能拿到的奖励名额有限。但是，S超市同事的精益推进热情从一开始就格外高涨，并且各个大区、职能线条内的精益项目产出也非常喜人。在这样的情形下，精益工作组就会面临一个问题：有限的奖励名额如何分配？在最早的时候，我们对此并没有清晰的规划，基本上就是"会哭的孩子有奶吃"。可是，这么一来，很快又有新的问题冒了出来，很多人竟然说，与其这么乱分奖励，还不如不发。直到这个时候，我才明白一个道理：奖励作为一种稀缺资源，本来就很惹眼，如果分配时比较随意，则很可能引起大家对奖励"公平、公正性"的猜测。这就是不患寡而患不均。希望大家在奖励资源有限的情况下，及时做好奖励规划，少走弯路。

第七章

推进（局部战场）——高层：
有节拍地完成管理行为渐变

第七章　推进（局部战场）——高层：有节拍地完成管理行为渐变

"节拍"这个概念最早出现在音乐领域，它是音乐中衡量节奏的单位，指的是每隔一定时间重复出现的有一定强弱区别的一系列拍子。例如，我们经常提到的3/4拍就是四分音符为一拍，每小节三拍。在音乐领域中，"节拍"的英文为meter，具有频次的含义。引入精益生产领域后，节拍是指连续完成相同的两个产品(或两次服务、两批产品)之间的间隔时间，也就是完成一件产品所用的平均时间。这个平均时间通常被称为单件产品的生产周期。基于这个概念，在精益生产领域中，"节拍"的英文为cycle time。无论是meter还是cycle time，就完成一件事情本身来说，我们需要把握的其实是节奏。我们在企业中推行精益管理，采取积极主动的态度肯定没有错，但是，在局部环节或者说具体的事情上适当地遵循事情发展的规律，有疏有导，采取春风化雨式的舒缓节奏，稳中有进，才能让精益管理扎下更深的根。

一、总目标：把高层变成精益变革代理人

我们在前面聊过在高层中培养"铁粉"是为了提升高层对精益管理的支持度，从而促使更多的高管在精益变革中主动担责，做出不断提升管理水平的承诺，实际上，我们的终极目标是把高层变成精益变革代理人。什么是代理人呢？提到代理人，我很想和大家分享自己刚毕业时的一段求职经历。因为我学的是管理学专业，所以，我会重点考虑与企业管理有关的岗位，其中，总经理助理一度成为我梦寐以求的岗位。直到有一天我幸运地进入了一家企业的最终面试，面试官竟然是这家企业的总经理，这在初级岗位的面试中非常少见。在做完简单的自我介绍后，总经理问我："你觉得什么是总经理助理？"这个问题乍听之下其实不难回答，我只是稍稍

地想了想，就按自己的理解给出了答案。那位总经理耐着性子听完，很温和地笑了，他说："总经理助理就是总经理的代理人，在总经理不在的时候代替总经理开展工作。"这个答案也许并不是太专业，却让我真切地理解了代理人的含义。代理人是我们的分身，他们虽然不如我们在某个领域里专业，但是在关键时刻是需要代替我们行使责任、履行义务的。

顺着这条思路，我们再聊聊精益变革代理人。

关于精益变革要做什么，我们已经有过多次探讨，在这里我想和大家聊的是，"精益变革"四个字并不是虚的，它需要用具体的行动、具体的人和事外化出来。而精益变革代理人正是精益变革外化的重要人物之一。从某种程度上讲，企业高管在精益变革中展现出来的敏感度、卓越度、拼搏度基本上可以等同于精益变革的成果。因为我们都知道，企业高管就是企业的"大脑"，大脑能思考到的内容才是企业能够达到的高度。如果我们把精益变革看成为企业升级系统，那么，高管一定是底层操作系统，只有底层操作系统越优化，搭载其上的其他系统才能运行得更通畅。所以，关于精益变革代理人，我想和大家分享的第一个经验就是，精益变革代理人是为精益变革服务的，他们在推动精益变革的过程中必须发挥领导力。

精益管理最早"进入"S超市的时候，只是作为一项管理主题被予以落实的。在这样的情况下，精益管理在S超市里的"地位"只是众多管理主题中的一项，根本没有被提升到决定企业命运的高度。精益工作组要实现"突围"，一方面，要设法证明精益管理的价值；另一方面，则需要有人为精益管理发声。什么人最适合为精益管理发声呢？自然是S超市里的高管了。高管怎么为精益管理发声呢？关于第一种发声方式我们已经分享过了，就是向高管约稿，请他们在足以影响公司全员的《S超市精益简报》上谈谈对精益管理的看法、说说自己对精益变革的设想。第二种方式，也是最直接、有效的方式，就是设法让高管在公司顶层设计层面为精益管理"谋出路"。所谓顶层设计，一般包括公司愿景、中短期规划、年度执行策略等方面。只要企业能在这些方面将精益管理作为一项议题，或者只是作为题中之义，精益变革就已经成为企业日常运营的一部分。我们需要精益变革代理人在推动精益变革的过程中发挥领导力，实际上是想让他们发挥影响力和驱动力。在顶层设计层面为精益管理发声，正是精益变革代理人发挥驱动力的重要体现，这也是我要分享的第二个经验。

聊到这里，可能有的人还会疑惑，到底什么样的人才是精益变革代理人呢？简单来说，就是那些在精益变革过程中愿意发挥自己的影响力来驱动全员精益，主动为精益管理发声，让精益变革落到实处的高管。当然，在某些情况下，我们也会把一些在精益推动中做出重大贡献或者热衷于精益变革的中、基层同事称为"精益代理人"。这种称呼可以理解为对精益达人的肯定和褒扬，和我们要在公司高管中间培养的精益变革代理人还是有一定差距的。聊了这么多，相信大家一定很好奇，怎么才能把公司高管变成精益变革代理人呢？接下来，我们按照春风化雨式的舒缓节奏、稳中有进的节拍，详细聊聊吧。

二、第一拍：让管理看板进入高管办公室

关于看板的概念和它的原始出处，我们在前面已经聊过，进入本章我们要探讨的是看板的一个灵活应用——在非制造型企业里，我们应如何运用看板所蕴含的管理理念推进精益变革。不过，在开始探讨之前，我想提醒大家，我们的眼睛不光要落在看板如何跨产业应用上，还要落在我们在做这些动作时对高管管理习惯的改变上。

管理看板最核心的点其实在"看"上，只有问题被看到了，才有可能被改善。在企业管理中更是如此，很多影响企业运营效率的问题之所以长

期没被改善，在很大程度上是因为它们很难被看到，更没有进入过管理者、决策者的视线。这是在非制造型企业中推广管理看板的基本出发点。

在此基础上，我们还应当看到看板之所以可以实时反映生产状况，是因为看板上呈现的内容是动态变化的，并且与反映生产经营结果的"大指标"相互关联。如果把企业的经营管理看成达成各项目标的过程，那么，非制造型企业何尝不是盯着各项指标在做着事情，而且这些指标还是从上到下联动的。如此说来，在制作管理看板时，可更新的、联动的指标是必须包含的内容。

但是，如果在一块看板上只有指标，那会不会过于枯燥，且让人抓不住重点呢？毕竟管理看板有一个非常重要的标准就是一目了然，即只要扫上一眼，就能看清并理解看板上的内容。这么看来，除了指标，我们还需要有可以讲故事，能够把指标串联到一起的内容。这些内容会是什么呢？最合适的应该是公司要做的大事吧（这些大事在S超市里通常被称为年度重点项目）。有了指标和重点项目，管理看板呈现的内容就很完备了吗？它会不会让高管觉得很乏味，没有动力运用起来？还有哪些内容是必须出现在管理看板上的呢？

以上就是我们确定管理看板构成内容的基本思路，仅供大家参考。

经过讨论，S超市管理看板的构成内容包括企业愿景（共性内容）、中期战略目标（共性内容）、关键指标（个性内容）、高管主抓的重点项目进度（个性内容）、周/日要事（自由模块）。为了实现更加简洁、聚焦的呈现，在设计阶段我们又将以上内容进行了归类整理，最终将管理看板的构成内容分为年度战略地图（区别/部门）、年度会务安排、日常管理三大板块。

有了内容，接下来我们要考虑的是要用一个怎样的载体把管理看板制作出来。在遇到这个问题的时候，精益工作组的成员展开了奇思妙想。有人说，现在都什么时代了，弄个联动的电子屏，还原制造型企业的看板。

第七章 推进（局部战场）——高层：有节拍地完成管理行为渐变

还有人说，其实看板不一定做成实物的，找信息管理中心的同事开发一个计算机桌面小程序就好了。当然，绝大多数人还是觉得，既然是看板，那就应当有一块板子，不管是金属的、塑料的还是木材的，总之，有板子才是看板。关于管理看板到底应当做成什么样子，我们当时确实讨论了好长一段时间，最终却因为一个问题达成了共识。这个问题就是费用。制作管理看板的费用到底由谁来承担？是精益工作组，还是高管管辖的部门？大家别看这个问题很小，当我们走完精益变革的所有历程后就会发现，很多时候制约精益推进的经常是这种很小的事情。

聊到这里，先卖一个关子，放下S超市的管理看板到底是什么样子的不说，来探讨一下费用到底由谁来承担的问题。首先，关于看板是什么，管理看板又是什么，高管在没有接受相关培训之前其实是不知道的。退一步讲，即使高管接受了相关培训，也只是大致了解了管理看板是什么，对于管理看板能不能在S超市里发挥出培训中所说的那些作用，其实是有疑虑的。毕竟是骡子是马，必须拉出来遛遛才能做出判断。其次，如果费用由高管管辖的部门承担，则会有两个不利因素：① 当相关部门不情愿承担这笔费用时，强行摊派，会人为制造出推进障碍。大家要清楚，我们向高管推广的从来都不只是一块看板，而是新的、精益的管理习惯。如果从一开始就磕磕绊绊的，则将不利于后续工作的开展。② 在无形中提高高管及相关部门对管理看板的期待。虽然让大家都对我们推广的管理工具抱有期待不是一件坏事，但是这种期待一旦高过正常值，就有些适得其反了。如果我们把高管的工作场所看作《红楼梦》里的荣国府，那么超过预期的管理看板就好像林妹妹一样，在进入"荣国府"后，必须步步留心、处处小心。最后，出于资源投放集约化考虑，推广给高管的管理看板由一个单位集中制作才是最精益的。因此，经过反复权衡，我们最终决定由精益工作组统一申请一笔费用，为高管制作管理看板。在这里把这件事情的权衡过程完整地呈现给大家，除了解释这笔费用为什么由精益工作组承担最合适，更重要的是想告诫大家，在精益推进过程中，越是很小的事情越不能马虎。

精益工作组毕竟不是"产粮"的单位，在所有费用的申请上，一贯的原则都是能省则省，基本上把费用压缩到了极限。因此，当我们想明白这笔费用应当由精益工作组承担后，那些电子屏、小程序等提议很快就被否决了。我们需要的只是一块板子，把需要呈现的内容呈现出来即可。考虑到管理看板的使用对象都是公司高管，而且需要日常化地悬挂在高管的办公室里，我们特意组织人员对高管的办公室进行了考察，最终选定一款实木材料，制作出S超市经营史上第一批既美观实用又经济实惠的管理看板（见图7-1）。

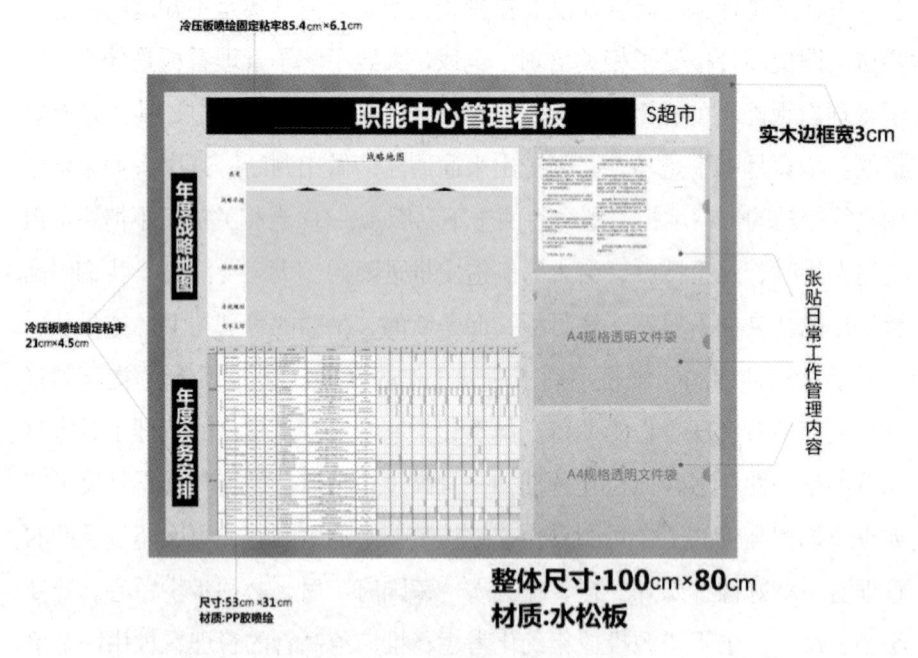

图 7-1　S超市管理看板设计稿

看板有了，送进高管的办公室也并不是什么难事，难的其实是"售后服务"和习惯养成。在"售后服务"方面，主要涉及两点：① 看板的使

第七章 推进（局部战场）——高层：有节拍地完成管理行为渐变

用；②看板的维护。

看板的使用并不单纯指我们要教会高管如何使用管理看板，我们还要设法让高管发自内心地喜欢上管理看板，并且主动地使用管理看板。

陆游在《示子遹》一诗中写道："汝果欲学诗，工夫在诗外。"这句话虽然说的是如何作诗，但是其中蕴涵的道理却具有普遍性。我们要想让高管喜欢上管理看板，很多功夫其实是需要下在管理看板之外的。我们当时采取的主要策略有两个：

第一，上下联动。简单来说，就是利用CEO对精益变革的支持，给CEO也制作一块定制化的管理看板，然后借助CEO的影响力来推动管理看板的使用。CEO的影响力除了示范作用，更重要的其实是公司关键指标的联动。当CEO办公室里那块看板上的指标更新时，高管办公室里那块看板上的内容和指标必然也需要更新。靠着上下联动，至少可以保证高管把管理看板用起来。

第二，发起用看板讲故事运动。有那么一阵，我们其实是在暗中"怂恿"某几个热衷于精益变革的高管在公司的大会小会上用管理看板讲故事的。一开始，稀稀拉拉，偶尔有高管在公司的某些会议上提一嘴管理看板。渐渐地，有人开始拿管理看板说事了。因为凡事都得有一个由头，有时候高管明明发现了一些问题，却不知道用什么事情做切入点，在这种情况下，管理看板就可以充当最合适的切入点。比如，你可以指着自己的管理看板告诉大家某个指标不好看了、某个项目目前停滞了，需要大家注意哪些方面。当然，要谈指标变化，谈项目推进遇阻，肯定是可以用表格和PPT材料正式说的，可是那些形式哪有管理看板来得直观、方便呢？绳锯木断，水滴石穿，只要我们不断努力，把"用看板讲故事"当作一项管理变革运动去推进，管理看板一定会很好地融入高管的日常工作中。

最后，再来谈谈管理看板的维护。管理看板的维护主要有看板内容的更新和看板的保护两项内容。考虑到每位高管都会配一位助理，我们再把管理看板挂进高管办公室之前，已经将每位助理任命为"看板维护人"。这样不但解决了管理看板的日常维护问题，还在看板的内容需要联动更新时，有了一位对接人和责任人。除了明确维护人，为了消除管理看板使用中的一切障碍，我们还专门发布了一套《S超市管理看板操作指引》，方便各维护人快速上手，遇到问题可以自行解决。如此一来，高管在管理看板的使用中也切实实现了只"看"不"管"。

三、第二拍：让onepage成为常用汇报工具

onepage，俗称一页纸报告，简单来说就是用一页纸（通常是A4纸）把事情说清楚。回溯onepage的历史，很多人自然就会提到丰田公司，并且还会给你讲丰田公司的管理人员用onepage解决机器异响难题的经典案例。实际上，要理解onepage，必须先搞清楚什么是极简主义，以及日式管理对极简主义的极致追求。

在日本有一种审美方式叫侘寂（wabi-sabi），简单的理解就是事物的一种未满、无常、残缺之美。侘寂之美最早在日式茶道中有充分的体现，它追求的是简陋、粗糙的茶具中蕴藏的禅宗哲理等。随后，侘寂之美又随着茶道被推广至插花、书法、歌舞等艺术领域，直至成为日本人世界观、生命观、处世观的一部分。具有侘寂审美意趣的东西有时候只是一根生锈的钉子、一盏废弃不用的茶壶、泥墙中不经意间长出的杂草……总之，侘寂追求的是简单中蕴藏的美。

20世纪60年代，极简主义兴起。极简主义奉行的是less is more（少即是多），正好与日式传统审美侘寂相契合。极简主义也因此很快在日本人的生活和企业经营中流行起来，由此催生了一批推崇极简主义的日本设计

大师，深受苹果公司创始人乔布斯青睐的三宅一生就是其中的翘楚。事实上，如果我们仔细探究，那么精益管理的诞生也深受极简主义的影响。不信？和我一起熟悉一下这句话吧："精，就是少投入；益，就是更高的产出。"追求更少的投入、更高的产出，正是极简主义。

有一点需要强调一下，日式管理中的极简主义和原版的极简主义还是有很大差别的。因为日式极简主义严格来说是侘寂美学与极简主义结合之后的产物，它不仅仅在形式上追求物质方面最少的投入，还要探求蕴藏在极少的物质背后的哲理。也就是说，日式极简主义追求的是有道理（如管理哲学、审美意趣）的极少，而原版的极简主义追求的是彻底的、极致的少，特别是物质层面最少的投入。当然，最近几年，在极简主义设计中也能看到思考"为什么要这么少"的痕迹，但是，这种思考大多停留在物质层面，与真正的哲思还差很长一段距离。

这正是我简单介绍侘寂美学的原因。

如果我们只是一味地追求"一页纸"的篇幅和尽可能少的内容，则很可能只理解了onepage的皮毛，而忽视了它背后所蕴藏的精益理念。更直接一点讲，在onepage的内容构成上，我们除了追求"一页纸"的篇幅，还应该重视内容之间的精益逻辑。此外，和推广管理看板一样，我们应当保持清醒，知道推广给高管的不只是工具，更重要的是管理理念和工作习惯。

onepage最常见的内容构成逻辑其实是PDCA，也就是围绕计划（也可以是事情的背景）—行动（通常是行动方案，或者采取的措施）—检查（大多数时候是阶段性成果，以及与之相关的检讨和反思）—改进（改进措施，也可以是后续行动计划）的路径展开汇报陈述。onepage之所以喜欢用PDCA的脉络说事，最重要的原因在于PDCA是个完整的闭环，借助这个成熟的闭环，可以把要汇报的事情说完整，并且环环相扣、逻辑严密。除此之外，在具体的内容呈现上，onepage有三个要求：① 标准化；② 精简化；③可视化。

标准化要求onepage拥有统一的格式和相同的语言体系，特别是在复杂问题的表述中，要尽可能地使用规范化的流程。说白了，就是要求我们在onepage使用中不仅要有统一的模板，还要有大家都能理解的陈述方式。

精简化要求onepage在具体的表述中摒弃无关紧要的信息，对重点信息进行放大呈现，从而使整份报告在一页纸的篇幅里聚焦重点、紧扣议题。

可视化要求onepage在呈现事实依据或者支撑性、佐证性资料时，尽可能使用令人一目了然的表格、图片及符号语言。

onepage提出这三个要求的目的只有一个：最大限度地消除沟通障碍。

事实上，企业如果能有一张用起来很顺的onepage，则是可以大幅提升沟通效率的。

毋庸置疑，作为精益先驱的丰田公司一直都是使用onepage最好的企业。丰田公司的onepage并不是一蹴而就的，同样经历了漫长的摸索过程。在最初的时候，他们只是想用某种统一制式的方法去沟通生产过程中出现的问题。等到这种统一制式的方法诞生后，他们开始尝试让这种方法可以更加简便、聚焦，随后才有了目前通用的onepage。

onepage在丰田公司里通常被分为三类：解决问题类、建议提案类、汇报成果类。

顾名思义，解决问题类onepage主要用来沟通生产制造过程中遇到的各种问题，并讨论解决方案。该类onepage主要由背景、现状、目标、根本原因分析、对策、结果确认、后续工作七部分内容构成（见图7-2）。在丰田公司里把解决问题类onepage看得很重要，他们认为这是重要的"知识流"，只有把解决问题的经验用这种方式记录下来，才会形成知识的沉淀和继承。建议提案类主要在向公司提出改善建议时使用。为了消除沟通障碍，建议提案类onepage的结构和主要内容与解决问题类onepage的结构和主要内容基本一致，但是它的侧重点不在于问题本身，而在于企业采纳建议后能带来的变化和收益等。汇报成果类onepage适用于阶段性工作汇报，它的内容构成要比前两类的内容构成简单得多，只有背景、现状、结果确认、后续工作四部分。相应地，汇报成果类onepage的侧重点在于工作成果，以及由此带来的改变。

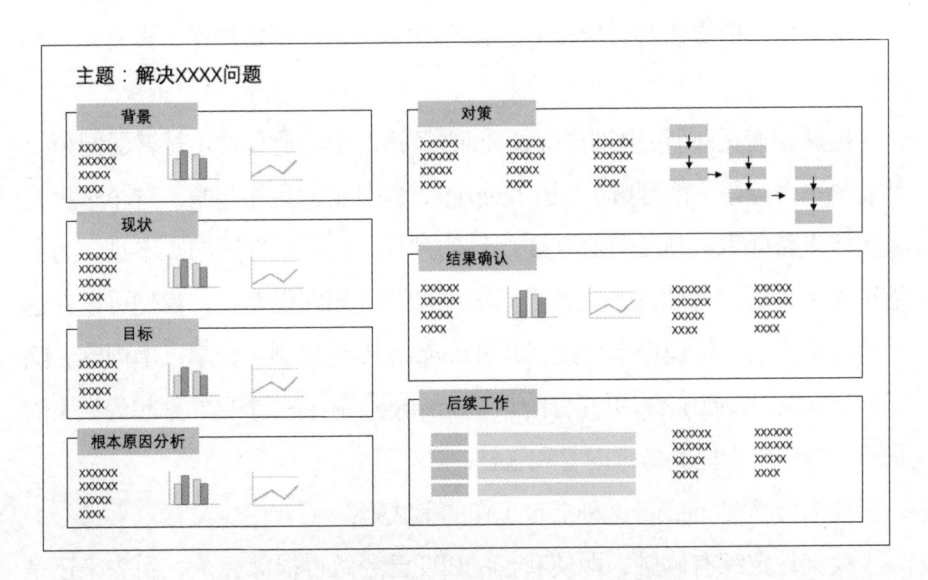

图7-2 丰田公司解决问题类onepage的版式

参照丰田公司的经验，大家在使用onepage时，最好先设计一个基础版式，然后在基础版式的基础上根据实际需要进行扩充版式的设计。我们当时在S超市里也是这么做的，除设计了一份供高管汇报工作使用的"标准版本"外，还设计了"精益提案""精益项目成果阶段汇报"等版本。这样做会让大家在标准化的基础上体会到灵活性。

在通常情况下，一份onepage需要通过五个步骤制作出来。

第一步，明确目的。要求我们在制作前弄清楚这份onepage需要在什么时间、什么场合、与什么人沟通，以及需要达成的沟通目标和主要构成内容等。

第二步，罗列提纲。把onepage的议题、主题内容、支撑性内容梳理出来。

第三步，确定版面。对计划呈现的内容确定合理的版面分配。

第四步，撰写内容。以标准化、简洁化、可视化为标准，完成onepage内容的撰写。

第五步，检查核对。检核onepage的内容，确保逻辑严谨，没有冗余和遗漏。

根据我们在S超市里推广onepage的经验，无论是高管还是普通同事，都需要一个过程才能理解、消化onepage，并且把它运用起来。这个过程是人类接受新知识、新工具必然要经历的过程，是可以理解的。不过，为了缩短这个过程，帮助高管和普通同事度过"认知内化期"，我们可以在这个阶段里输出一份操作指引或者开展onepage专题培训。分享以上内容，除了想让大家对onepage有更充分的认识onepage，还有一个目的是想为大家的指引、专题培训提供骨干内容和素材。

我们再聊聊onepage这种汇报工作的形式吧。

大家肯定深有感触，即使我们的PPT已经做得很漂亮了，到头来还是会被他人制作的PPT碾压。这既是一种PPT制作技艺大战，更是一种毫无必要的内部竞争。2002年微软公司推出PPT的目的其实是提升商务沟通效率，没想到却在多年后成为商务沟通中的"电子障碍"。人们之所以喜欢onepage，从某种程度上讲，是因为大家厌倦了以PPT为主要呈现方式的结构化商务汇报，开始期待有一种更简洁、更聚焦的职场沟通方式。如果我们可以在企业中把onepage推广开来，那无疑相当于把大家从PPT的汪洋中拯救出来。

我们当初向高管推广onepage的路径大致是这样的：第一步，在精益管理的相关培训中增加onepage内容，让公司上下对onepage有一个基本了解；第二步，精益工作组率先在各种会议和报告中使用onepage，让onepage由教材走进现实，让高管和参会人员真切地感受到onepage的魅力；第三步，寻找试点部门，用实践成果证明onepage的价值；第四步，利用试点成果，向CEO和高管全面推广onepage，使onepage在S超市管理层中被运用起来；第五步，推动onepage常态化，改变高管的工作习惯。

俗话说，条条大道通罗马，推广onepage显然没有标准化的路径，只要大家明确了方向，有了清晰的策略，相信让onepage成为你所在企业高管常用的汇报工具只是时间问题。

四、第三拍：让全面流动管理重塑工作流程

在今井正明先生出版于2013年的另一部力作《现场改善》（第2版）中，全球改善集团声称自己基于25年实施改善与精益物流的实践，创立了一种新的生产方式，这种生产方式被命名为全面流动管理（total flow management，TFM）。在《现场改善》（第2版）一书中，TFM被解释为一种基于创建拉动流的改善战略。什么是"创建拉动流"呢？它指的是在生产过程中创建物料与信息在整条供应链中的流动。而整个"流动过程"则靠客户订单或客户消费来驱动。简单理解的话，TFM其实是在拉动原理的指导下，由客户购买驱动的物料与信息的流动。全球改善集团的实践显然是新鲜的、具有里程碑意义的，也方便我们更加系统、直观地认识全面流动管理。不过，就全面流动管理本身而言，在该领域的精益实践应该是从20世纪90年代丰田公司在美国宾夕法尼亚州的精益配送实践开始的。

关于这个实践的"拉动"模型，我们在第二章中有过具体的呈现，在这里我想和大家分享一下"拉动"模型背后的故事，一方面，加深大家对"拉动"这个精益管理领域非常重要的理念的印象，另一方面，让大家对全面流动管理有一个更直观的认识。故事大概发生在1995年8月，有一个叫

鲍勃·斯科特的宾夕法尼亚人，在格伦赛德附近倒车时撞上了一根柱子，直接把他的那辆老款丰田皮卡的后保险杠撞弯了。斯科特先生琢磨了一下，还是决定把车子送到格伦赛德的斯隆尼-丰田车行去换。这个车行相当于现在的4S店，换个保险杠理论上应该不成问题。不过，斯科特先生之所以要先琢磨一下再做决定，主要是因为在20世纪90年代初换个保险杠绝非易事。

第一，这家4S店里很大概率是没有斯科特先生那辆老款皮卡车保险杠的存货的。4S店如果要帮斯科特先生，那么最幸运的情况是，他们可以从丰田的某间仓库里找到一根匹配的保险杠。但是，保险杠什么时候能送过来，可就不得而知了。当然，如果斯科特先生有钱且着急，那么他是可以用一种当时很流行的"连夜运货"的高价服务快速拿到保险杠的。不过，无论是没有期限的等待，还是付出额外的高昂佣金，斯科特先生总归是不高兴的。

第二，丰田仓库里也没有保险杠的存货。在这种情况下，在接到4S店的需求后，仓库方面需要联系保险杠生产企业。保险杠生产企业为了节省成本，通常是批量生产保险杠的。也就是说，他们会按照自己的预估，在某个月份集中生产某款保险杠。相对幸运的情况是，保险杠生产企业本月生产的保险杠正好是斯科特先生需要的那款。那么，保险杠生产企业先尽快给丰田仓库发货，仓库再把保险杠及时送到4S店，也可以解决斯科特先生的问题。与最幸运情况的差别在于，斯科特先生需要等待的时间将更加漫长和无法预测。

第三，保险杠生产企业里也没有存货。也就是说，斯科特先生需要的保险杠这个月并没有被安排批量生产。在这种最不幸的情况下，保险杠生产企业里在接到丰田仓库的需求后，也许会在下个月批量生产时，优先考虑斯科特先生需要的那款保险杠。还可能为斯科特先生"特事特办"，花16个小时更换冲压模具，对钢板进行塑形，然后把半成品保险杠送到专门的烙艺公司去镀烙。而镀艺公司基本上也是批量生产的,他们也会面临和保险杠生产企业一样的情形:是这个月安排,还是下个月安排?抑或是费时费力,高成本地更换模具"特事特办"?如果遇到这样的情况,那么斯科特先生的更换保险杠之旅将变得更加扑朔迷离。

不过,我们的斯科特先生绝对是被"幸运女神"亲吻过脑门的人。

他到了4S店,只说了一声"我要换我那辆老皮卡的保险杠",就触发了丰田公司的拉动机制。4S店确认没有库存,立刻联系仓库,仓库开始给保险杠生产企业下单,保险杠生产企业确认没有存货,花费大约20分钟焊接保险杠,然后安排车辆送到烙艺公司,烙艺公司在8小时内就能完成镀烙并将保险杠送回……再借助丰田公司构建的精益配送系统,4S店在当天就能收到老皮卡的保险杠,而斯科特先生在当天晚些时候或者第二天上午就能把换好保险杠的车开走。

听完这个故事,相信大家对全面流动管理已经有了更直观的认识。事实上,丰田公司的精益配送实践(也是早期的全面流动管理实践)是由精益先行者大野耐一先生从1969年丰田公司创建经营管理咨询部开始,花了23年时间才完成的。当然,20世纪90年代的精益配送实践之所以能取得成功,还要归功于JIT、管理看板、自动化等工具在丰田公司里的推广。

接下来我们聊聊如何运用全面流动管理的理念重塑工作流程。探讨这个话题,从某种程度上讲,也是在探讨全面流动管理理念如何在非制造型企业中应用。当然,这个理念的推广对象依旧是企业高管,而我们的推广目的是给高管提供一个全面的、系统的视角去审视企业的经营状况,从而找到精益变革的方向和发力点。

首先,我们应该知道全面流动管理最核心的理念有三点:

(1)企业运营的根本是驱动信息流、物料流的流动。

(2)企业的运营效率受到信息流、物料流的流动情况(流速)的制约。

(3)只有受客户需求驱动(拉动)的信息流、物料流的流动才是高效的。

其次，我们要想办法看到企业信息流、物料流的流动现状。

具体的办法就是：先绘制企业的价值流图，把企业创造价值的过程大致摹绘出来，然后在价值流图的基础上梳理现有的工作流程。关于价值流图的绘制方法在第二章中有过详细的介绍，在这里就不再赘述了，我们重点聊聊如何梳理现有的工作流程。工作流程最常见的梳理方法就是绘制流程图。什么是流程图呢？简单来说就是用矩形、圆形、三角形等图形和箭头组成的，用来呈现事件发生顺序的符号语言。

诞生至今，流程图可呈现的内容早就走出工业设计领域，它不仅可以将复杂的组织关系落到纸上，还可以将人类思考、推演的过程和诸多生活琐事付诸符号语言。从某种程度上讲，流程图绝对是人类在可视化领域目前能达到的高峰。

最简单、易上手的流程图绘制方法分为三步：

第一步，准备资料。在该步骤中我们需要了解和收集绘制对象的相关信息。如果是某个职能的工作流程，那么建议大家先思考一下有哪些信息是我们还不清楚的，再针对这些信息展开一次简单的调研。

第二步，识别流程。凡事都是有始有终的，我们在基于价值流图绘制工作流程图的时候更是如此。虽然站在价值创造的角度，在某个职能外还有许多创造价值的动作，但是就具体的价值创造环节而言，在某个职能内其实是可以形成一个闭环的。同时，在这些闭环里也会有很多小的闭环。因为企业创造价值的过程正是"小闭环"先驱动"大闭环"，"大闭环"再驱动价值流动的过程。我们在这一步中需要识别的就是这些"大闭环"和"小闭环"的起点和终点，以及与起点和终点相关联的工作单位（部门）。

第三步，绘制流程图。流程图就像石川馨先生发明的鱼骨图一样，虽然非常精简、紧凑，但是，它除了摹绘事件发生的顺序，更重要的一点在于强调责任的归属。也就是说，我们不仅要把事件发生的顺序摹绘清楚，还要把每个步骤的责任归属和责任关系清晰地呈现出来。就流程图的种类而言，最适合梳理工作流程的绝对是跨职能带流程图（见图7-3）。

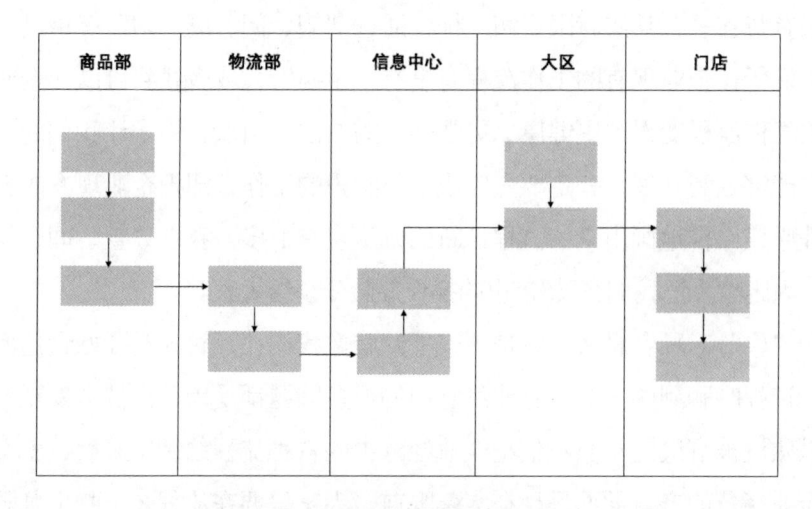

图 7-3　跨职能带流程图的基本样式

确定了流程图的样式，接下来就是该怎么画图了。按照我个人的经验（或者说我见过的情形），流程图的绘制方式有三种：第一种，直接手绘；第二种，在PPT、Word、Excel等办公软件中绘制；第三种，使用Visio等专业软件绘制。相比于前两种绘制方式，使用Visio绘制流程图的好处在于，Visio中有常用的模板，只要我们打开软件，选择合适的模板，就会有一个基本的蓝图，方便我们在上面增减内容。另外，作为专业软件，Visio中的图形符号具有通识性，这样就从源头消除了沟通障碍。在绘图过程中，Visio在调用各种符号的时候非常简便，根本不需要太多查找操作。我们当初在S超市里推广的流程图绘制方式就是使用Visio绘制，不仅专业，还可以保障同一家公司使用同一套流程语言体系。不过，推广使用Visio绘制流程图，必须预先开展专题培训，让高管和相关人员掌握绘图技能，否则如何正确使用Visio本身就会成为一种推广障碍。

最后，找出那些阻碍信息流、物料流高效、顺畅流动的障碍，并予以优化和改善。

在这个阶段里我们需要用到流程诊断和流程优化的技能。流程诊断听起来有些玄乎，其实就跟看病一样，通过"望、闻、问、切"等手段，看看我们所在企业现有的工作流程有没有"生病"，或者找到可以让企业现有的工作流程变得"更健康、更强壮"的方法。当然，为了让我们的诊断工作能够顺利开展，一定要先完成上一阶段的工作，即把企业现有的工作流程原模原样地画出来。流程诊断的方法也有很多，我以"望、闻、问、切"为比喻，把我们在S超市里的操作经验分享给大家。

"望"，顾名思义一定是观察了。就像我们在探讨人类开始食用西红柿的过程时聊到的一样，企业经营中的很多问题都是因为没被"发现"，所以才没被解决的。当我们把企业经营中的各种流程绘制出来后，就等于把企业经营的方方面面呈现在大家眼前。大家只要在流程图上扫上几眼，就能发现那些常识性的错误或者不该犯的错误。

"闻"，就是听。在流程图绘制完成后，应该多拿给别人看看，听听大家的意见和看法，特别是那些关键岗位的关键人物，稍稍征集一下他们的意见，也会有不小的收获。如果认认真真来一场意见大征集，那么我相信企业经营中60%的问题都能暴露出来。

"问"，从字面来看，是提问、征集意见，但是从本质上讲，其实是以提问为沟通主线，去有目的地倾听。因此，"问"只是一个获取答案或者印证判断的过程，真正需要我们花点心思的工作全部在"问"之前。也就是说，从开始绘制流程图起，我们就要带着一双"善于发现问题的眼睛"。当然，在提问之前，我们最好能对发现的问题（有疑问的流程节点）进行基本的归总分类，然后试着把这些困惑变成一句句可以口语化问出来的问题。

"切"，原意是切脉，就是中医里的号脉。如果说得更具体一点，就是通过脉络的跳动情况来判断人体的健康状况。什么是脉络呢？官方的解

第七章 推进（局部战场）——高层：有节拍地完成管理行为渐变

释是中医对静脉和动脉的统称，引申含义为条理、头绪。如果将脉络引入企业管理领域，那就是流程与流程之间的衔接情况，特别是跨越两个或者多个部门的流程衔接情况。在很多情况下，正是因为部门间流程衔接不畅，才制约了企业的经营效率，让信息流和物料流没办法全面流动。

"望、闻、问、切"只是诊断，帮助我们发现问题，当我们决定矫正问题，对现状做出改变的时候，就需要用到流程优化相关方法。流程优化最常见的方法是ESIA分析法。ESIA分析法遵循的是减少流程中的非增值活动，同时调整流程中的核心增值活动的实用原则。ESIA分析法包含四个步骤：

第一步，E（eliminate，清除）。在这一步中，我们需要在流程诊断的基础上，将那些没办法为企业创造价值的，甚至是阻碍信息流、物料流流动的流程、流程节点（简单来讲，就是流程中的一个步骤）予以清除。最常见的需要清除的流程（节点）有冗余的审核节点、过度的工艺、明显会造成浪费的经营活动等。

第二步，S（simplify，简化）。这一步是在上一步优化成果的基础上进行的进一步优化动作。我们多次聊过，流程是可视化的符号语言的一种。既然是可视化的符号语言，就应该遵循"一目了然"的原则。这是流程对自身的基本要求。除此之外，我们还应该了解到，简单的步骤和动作更透明，更易于被执行，且在执行中不会走样。因此，我们在对现有流程进行清除后，应当尽可能地以"简洁化"为原则，对新的流程进行全面梳理。

第三步，I（integrate，整合）。第三步相对前面两步视角更高，要求我们跳出部门、大区，站在公司全局的角度去全面审视新的流程，看看信息流、物料流的流动情况，看看我们优化后的新的流程是不是足以高效支撑价值的创造过程，或者说，最后再想想还有没有"更好的可能"。流程的整合具体操作起来主要有流程的合并、重塑等操作，尤其是对那些存在于部门间的多次审核，我们应该试着探索一下有没有组织多部门同期会审的可能。

第四步，A（automate，自动化）。提到自动化，大家是不是本能地想到了信息化系统？站在操作层面讲，自动化确实要求我们设法把"线下"的有纸化流程搬到"线上"进行无纸化办公。但是，按照我们的经验，自动化并不只是把流程搬到线上，它追求的其实是流程的自我驱动。也就是说，经过优化的流程在信息流、物料流的流动过程中是完全自动的，还是需要我们在关键节点进行及时干预。大家可以想象一下，如果信息流、物料流在我们所在公司里都是自发、自动向前流动的，那么公司的运营效率将有多高，价值创造速度将有多快？

以上就是我们运用全面流动管理的理念重塑工作流程的所有经验，也是全面流动管理在非制造型企业里的一次系统实践。回想整个过程，还是有些磕磕绊绊，但是，当大家跨越所有障碍，重新审视公司的运营效率时，没有人不感到惊讶。更重要的一点是，我们通过推广全面流动管理，让高管看到了一种新的可能，也帮助大家养成了系统性思考的习惯。

五、第四拍：让精益作战室驱动管理行为改变

聊到这里，大家有没有发现我们针对高管的推进"节拍"越来越快了呢？没错，在第一拍里，我们让管理看板走进高管的办公室，是想让高管以管理看板为媒介，去审视自己的工作。随后，在第二拍里，我们推广onepage，其实是在向高管推广更加精益的工作习惯。在第三拍里，我们推广相对复杂的全面流动管理，是希望高管通过重塑工作流程，去系统地提升工作效率。本节进入第四拍，我们要把精益作战室建立起来，是想通过

这个"新鲜的玩意儿"改变整个公司的管理行为。

那么,什么是精益作战室呢?这是精益管理领域一次新的实践。从功能上讲,它是驱动企业精益变革的指挥室和作战中枢。从外观来看,它是一间面积较大的办公室,在这间办公室里,与企业精益变革相关的各项指标被立体、直观地呈现出来,实现了彻底的可视化。此外,在这间办公室里还应当有一张会议桌,供精益变革"作战人员"开会讨论使用。

和绝大多数精益工具一样,精益作战室也诞生于制造型企业。不过,随着精益实践的持续开展,目前在医疗机构、公共组织、科研院所、教育部门里也能看到设施齐全的精益作战室。并且精益作战室里用来呈现各项指标的设施已经由半手工半印刷品,过渡到电子化、信息化。国内部分信息化建设走在前列的企业,其精益作战室里呈现的指标已然实现了和企业各类经营指标的实时联动。简约前卫的空间设计、随处可见的显示屏、实时跳动的数字……我们走进这样的精益作战室,还真有些走进某个科幻场景的感觉。

当然,以上所说的最新、最前沿的实践也是最舍得在精益变革上投入的企业实践。回想我们当初其实并没有这么好的条件。而且那时精益作战室刚刚由理论走向实践,纵观国内,还是鲜少有人肯吃这第一口螃蟹。但是,经过反复讨论,我们还是觉得S超市需要这么一间精益作战室。回想起来,理由大概有三个:第一,让大家看到高层对精益变革的魄力和决心;第二,必须有一个可以纵观精益变革全局的载体;第三,自上而下需要一股驱动力。尽管如此,我们的精益工作组还是没敢把步子迈得太大。在建立精益作战室这件事上,我们不但借了上级单位黑带专家的东风,让他们以自己的权威性影响了公司高层,还把握住了管理看板得到高管普遍认可的重要契机。总之,我们说服了CEO,最早在其办公室里,随后在紧邻其办公室的会议室里,搭建了一个半手工半印刷品的精益作战室。

在这间精益作战室里,公司愿景、中短期战略目标、与精益变革相关的指标、重要精益项目的推进情况、重大精益活动的开展情况等，都用PVC板分门别类地张贴在墙壁上。当需要更新数据和信息时，会有专人手工写入相应区域。除此之外，在这间办公室的中央地带，我们专门放置了一张会议桌，但凡与精益管理相关的重要会议就在这里召开。现在看起来，这样一间精益作战室根本谈不上有多么科幻，不过，它却给了公司上下很大的视觉冲击，也让许多人真切地感受到S超市推进精益管理并不是说说而已，而是下了巨大决心的。

事实上，精益作战室并不只是用来看的，它更重要的作用在于通过指标、项目、活动的联动，驱动企业的精益变革。也就是说，完成了精益作战室的建立，只是完成了第一步，更重要的工作其实在下一步中：把精益作战室用起来。精益作战室怎么使用呢？从形式上来看，大概有三种使用方式：① 集中呈现与精益变革相关的指标和成果；② 供人参观；③ 作为开会场所供使用。然而，究其根本，精益作战室最大的作用在于给予大家一个全面的视角，让我们可以即时地审视精益变革的推进情况。特别是高管，他们虽然可以站在职能线条或者大区的最高端去看待问题，但是，这种看待问题的方式始终受官僚机制所固有的"本位主义"影响。尤其是在推动精益变革的过程中，我们其实是需要高管具有系统思维，站在信息流、物料流全面流动的视角去看待企业经营现状的。精益作战室的建立正好给了高管一次打破部门壁垒，站在全局看问题的机会。另外，就精益变革本身而言，我们是需要所有部门、大区之间无缝衔接，所有流程之间自动流转的。在没有精益作战室之前，各部门、大区在各自作战的同时也许会适度考虑关联部门、大区的经营状况。有了精益作战室，只要关注一下指标之间的联动情况，大家就会明白我们正在开展的精益变革活动与关联部门、大区的协同情况，以及这些活动对于公司创造价值的意义所在。

最后，我们谈一个看似比较高深的话题：高管的管理行为到底靠什么驱动？

最常见的驱动方式有两种：一种是经营指标；另一种是行政压力。通俗一点讲就是，高管需要对经营结果负责，高管需要对CEO负责。常见的驱动方式是企业经营实践的结果，当然是合情合理的。但是，我们要做的是改变现状——推动精益变革。因此，我们迫切需要高管的管理行为驱动方式由以往的那两种转变为靠变革驱动。也就是说，高管需要对精益变革负责。精益作战室的建立和使用，其终极目的正是让高管看到自己的责任和使命，然后依托精益作战室和诸多精益工具完成管理行为的转变。

小故事：真正的空杯心态

随着精益管理的持续推进，除了做规划、推项目，我开始频繁地给大家做培训。记得在每次上课之前，我都会给大家呈现一页PPT。这页PPT的左半部分是一只空无一物的玻璃杯，右半部分是一颗红彤彤的爱心。大家看到这页PPT，看到空空的玻璃杯，自然就会明白在上课之前需要忘记以前所学的知识，保持空杯心态；看到红彤彤的爱心，自然就会清楚这堂课需要用心聆听、用心学习。可是，我真正想表达的是：I（细长干净的玻璃杯）LOVE（红彤彤的爱心）YOU（看着PPT的同学们）——老师是带着爱来分享知识的，同学们也应该用热爱去消化知识与技能。实际上，所谓的"空杯心态"除了要求我们忘掉以前所学，保持谦虚的心态，还要求我们设法在内心深处调动起对新知识的爱意。只有你爱它，才会把它记在心里。

第八章

推进（局部战场）——中层：
把每一次标杆学习都当成脱胎换骨

第八章　推进（局部战场）——中层：把每一次标杆学习都当成脱胎换骨

1984年，苹果公司的年销售额达15亿美元，而微软公司的年销售额只有1亿美元，在乔布斯面前，比尔·盖茨还只是一个跟班。听说乔布斯正在研究麦金塔操作系统，比尔·盖茨和三位微软同事前去参观，两人因此结缘，由此开启了相爱相杀的漫长过程。在美国著名传记作家沃尔特·艾萨克森所著的《史蒂夫·乔布斯传》（这也是乔布斯唯一授权的官方传记）一书中多次提到，乔布斯和比尔·盖茨以彼此为"假想敌"，不断地激励团队，顺利渡过了事业上的难关。把彼此当成"假想敌"，实际上就是把彼此当成标杆，在检核彼此在企业运营上的差距的同时，朝着达到并且超越标杆的方向发展。当我们关注国际、国内知名企业的发展历程时，几乎很难看到它们没有和"当世豪强"进行全面或者局部比较，然后弥补差距、超越、逆袭的时候。从某种程度上讲，企业要谋求发展，就得不断树立标杆，不断超越标杆。我们推动精益变革更是如此。系统的、准备充分的标杆学习不但可以让我们所在的企业少走弯路，还可以获得不少"精益灵感"。

一、策划时，先搞清楚学什么：精益对标要有明确的目的

《论语·述而》中有云："三人行，必有我师焉；择其善者而从之，其不善者而改之。"这就是"三人行，必有我师"的出处。可见"对标"并不是舶来品，而是国学智慧的现代化延续。对标，说白了，一在"对"，二在"标"。

"对"有两重含义：第一重，对比，就是要弄清楚我们与标杆企业之间的差距；第二重，校准（可以理解为对表的"对"），就是要设法弥补

我们与标杆企业之间的差距。

同样,"标"也有两重含义:第一重,标杆,就是要选对标杆;第二重,标新,就是在对标基础上的创新和超越。只要我们把握好对标的四重含义,对标活动就一定会落到实处。

下面以这四重含义为脉络,聊聊精益对标吧。

精益对标除了对标的目标在于推动精益变革、对标的内容聚焦在精益管理领域,和企业日常开展的对标活动基本没有差别。在策划一场精益对标活动时,我们同样要明确目的。例如,我们为什么要对标(具体的、直接的原因是什么)?我们可选的对标对象有哪些?哪家企业才是最合适的?为什么?如果我们要向这家企业对标,那么我们需要在哪些方面进行对比?针对对标内容,哪些部门必须参与到对标中来?对标之后应该怎么办?怎么巩固对标成果?

这些问题虽然看似繁杂,但是总结起来有如下四个方面:

(1)明确精益对标的具体目标。

(2)明确对标对象。

(3)明确对标模块和对标单位。

(4)明确对标后的内化安排。

在精益对标活动的策划阶段,我们的基本工作就是在这四个方面里找到最佳解答。

谈到企业对标,我们很容易就会说,对标的目的就是找到差距,可是我们所在公司与别家公司之间的差距到底在哪里,却很少有人能说得清楚。这时候,我们有两种选择:①聘请外部咨询顾问,用专业的知识帮助我们完成企业诊断,从而找出企业运营最大的短板;②在重塑工作流程的基础上,定位那些仍旧对信息流、物料流的流动造成较大阻碍的经营模块。

外部咨询顾问开展企业诊断的方法比较多,常见的大概有两类:平衡计分卡和系统诊断。按照平衡计分卡的设计人罗伯特·卡普兰和戴维·诺

第八章 推进（局部战场）——中层：把每一次标杆学习都当成脱胎换骨

顿的观点，平衡计分卡是一种绩效管理工具，它将企业战略目标层层转化为各种具体的、相互平衡的绩效考核指标。根据指标的分布情况，平衡计分卡主要聚焦在财务、客户、内部运营、学习与成长四大模块。外部咨询顾问要帮助我们所在的企业进行运营现状诊断，也会从这四个模块分别开展。当诊断结果显示某个模块计分不理想时，我们所在的企业就可以考虑针对该模块（一个或者多个都行，视具体情况而定）展开对标。而系统诊断的通常做法是，外部咨询顾问会以他们熟悉的某个管理模型为基准，对企业的运营现状展开全面的、系统的诊断，最终以诊断结论的形式指出企业运营的短板所在。

我在担任咨询顾问为企业服务的那些年里，最常用的诊断模型就是美国国家质量奖的评奖系统。这套系统把企业运营分为七个模块（总分1 000分）：领导力（120分），战略规划（85分），顾客和市场焦点（85分），测量、分析和知识管理（90分），人力资源（85分），流程管理（85分），经营成果（450分）。每个模块都有最高分数和具体的打分标准。当我们对企业展开系统诊断时，通常以该管理模型为框架，运用调研访谈、资料分析等常用的咨询方法，针对企业的运营现状逐项予以打分。当企业拿到打分结果时，也就知道了自己在哪些领域还需要进一步强化和提升。

企业聘请外部咨询顾问，最基本的逻辑大多是认为外部咨询顾问更专业，认为仅凭企业自身的力量根本没办法完成某项任务。其实，只要方法得当，且做得扎实，企业的内部专家一样可以很专业，甚至基于对企业情况的格外熟悉，表现得比外部专家还要专业。我们在第七章中介绍了重塑工作流程的方法，如果我们所在的企业能把这件事情做得认真、彻底，那么同样可以发现企业的关键短板所在，从而以此为起点，明确对标的具体目标。

明确了对标目标后，下一步就是选择对标对象了。最常见的对标对象当然是知名企业和行业领头羊了。向最优秀的企业看齐是对标的基本出发点。但是，大家有没有想过，优秀企业之所以优秀，是因为它们在许多方面的表现均超出一般企业。当我们决定向行业标杆对标时，就意味着我们要在对标期间全面提升自己。简单来说，就是要让我们所有的指标表现都要和行业标杆的指标表现一样，甚至更好。一口吃个胖子，这样的对标现实吗？显然是不现实的。因此，在选择对标对象的过程中，我们应当从自身发展现状出发，选择那些在中短期能够赶上甚至超越的企业。其实，这个道理跟定指标一样，必须遵循SMART原则，寻找那些指标"跳一跳就可以够得着"的企业。退一步讲，即使我们想要和行业领头羊对标，也需要分步骤、有规划地去对标，切忌不考虑自身发展现状，急于求成。总之，选择对标对象，应该选择最合适的而不是最优秀的。

实际上，在近两年的对标实践中，已经很少有企业只选择一家标杆企业开展1对1的全面对标了。通行的做法其实是企业根据需要提升的模块，选择最佳对标对象，然后分模块进行1对n的对标。S超市当年选择的也是1对n的对称方式，针对财务、运营、供应链三个需要重点提升的模块分别选了三家国内知名企业进行对标。并且S超市选择的这三家标杆企业还是跨行业的名企。从对标效果来看，这样的跨行业学习不仅为S超市的精益变革提供了新的思路和方向，还促成了不少异业合作的机会，是实实在在的双赢。

有了对标目标和对标对象，接下来我们需要思考的问题就是学什么，以及由谁来具体学习，也就是明确对标模块和对标单位。看到在对标策划阶段需要找到最佳解答的第三项内容，大家也许会觉得有些多余。前面不是说过，对标对象是针对想要提升的模块选择的吗？怎么现在还需要明确对标模块？另外，对标单位不就是需要提升的那些单位吗？从大的逻辑上讲，第三项需要明确的内容确实有些重复，但是，我们要明确的内容并不在大的逻辑上，而在具体的操作层面上。也就是说，我们需要在明确了对标对象后，回过头去审视自己的短板，从而梳理出具体需要提升的1，2，3。这些1，2，3既可以是具体的内容，也可以是对标的方向，但它们首先应当

第八章 推进（局部战场）——中层：把每一次标杆学习都当成脱胎换骨

是我们从标杆企业身上能切实学到的地方。

除此之外，为了保障对标成果可以切实落地，我们还需要明确对标学习的主责单位。在主责单位的选择中，我个人建议尽可能地下沉，直至科室层级。之所以建议主责单位下沉，除了确保责任到人，还有一个很重要的考量，那就是对标的颗粒度。大家可以设想一下，如果主责单位是某某中心、某某部等一级部门，那么我们对标的也会是标杆企业的一级部门，获得的绝大多数对标成果较大概率只能停留在部门层级。而我们一旦把主责单位下沉到某某科室，对标对象也会是标杆企业的科室层级，我们获得的成功经验自然是具体操作层面的。对标的要旨并不在于"知其然"，而在于"知其所以然"。对标单位下沉，正是要达到这个目的。

最后，我们谈谈明确对标后内化安排的相关话题。第四项内容是对标策划阶段最容易忽视的一点。原因在于，在对标策划阶段，大家最多的想法一定是怎么把对标活动搞好，而不是怎么把对标成果落到实处。实际上，在这一阶段我们也不可能要求自己把"怎么把对标成果落到实处"这个话题想清楚。事实摆在那里，对标活动还没开展，我们究竟能从标杆企业身上学到什么还是一个未知数。如果这么早就规划对标成果如何落地，那也不可能规划得很好。我在这里建议大家考虑第四项内容，一方面，是基于S超市的实践经验；另一方面，是想提醒大家，在对标策划阶段就应该开始考虑对标成果落地问题了。因为我们稍后开展的所有工作都是为了对标成果能够在我们所在的公司里落地服务。这个问题是对标全程都需要思考的问题。

聊到这里，相信大家已经看明白了，在对标策划阶段需要找到最优解的四项内容遵循的正是对标的四重含义。所以，大家只要琢磨透了这四重含义，那么对标活动策划起来也可以很轻松。

二、对标时，带着问题去学习：设置控制点让对标活动受控

《控制论：关于在动物和机器中控制和通信的科学》一书的出版标志着控制论的诞生。在这本具有学科奠基性质的著作中，作者诺伯特·维纳把"控制"定义为：为了改善某个或某些受控对象的功能或发展，需要获得并使用信息，以这种信息为基础而进行通信并作用于对象。这个定义看起来有些绕，实际上想说的内容有三点：① 控制的目的是改善受控对象的功能或发展，从而使其受益；② 控制的过程需要获取并使用必要的信息；③ 控制要想有效，必须确保信息的通畅，并且在受控对象身上发生作用。虽说控制论对"控制"的定义并不是脱胎于精益管理，但是仔细品一品，还真有一点儿精益管理的意思。

事实上，当我们把全面流动管理和控制论结合起来看的时候，就会发现控制论会给全面流动管理带来很多启发，特别是对于信息流的使用和改善，完全可以展开新的视角去思考和实践。远的不说，就说我们正在探讨的对标话题。在对标过程中，或者说，在把对标活动的策划落到实处的时候，我们其实是可以用控制论的思路去做好这件事情的。

大家有没有想过什么样的对标活动才是成功的？也许有人会说，内化成果最多，给企业带来的成长最多、最大的对标活动才是成功的。这么说当然没错，很可能还有更多的要求和成功的标准。但是，作为活动组织者，对于我们来说，什么样的对标活动才算成功呢？我想一定是百分之百达成预期目标的活动。什么样的活动可以百分之百达成预期目标呢？一定是按照我们规划的路径、遵守我们制定的规则向前推进的活动，也就是受控的活动。之所以在这里强调"受控"两个字，是因为我想和大家分享，作为对标活动的组织者，设法让活动受控是企业对我们的基本要求。并且只有对标活动是受控的，才有可能获得高质量的对标成果。这是我们在对

标实施阶段必须明白的道理，也是必须绷紧的弦。

那么，怎么才能让对标活动在执行过程中受控呢？大家对"二八原则"应该不陌生。花20%的力气，获得80%的成果，而这80%的成果则会决定整件事情的成败。我们要想让对标活动受控，就得找到花20%的力气获得80%的成果的地方。我们称这些地方为关键控制点。只要把它们找出来，设法让其时时处于受控状态，我们的对标活动就是全程受控的。

找到关键控制点的方法其实非常简单。

一种方法是流程图+风险评估法。这种方法比较"精益"，分三个步骤就可以完成。

步骤一，绘制对标活动的流程图。关于流程图的绘制方法在前面已经分享过了，在这里不再赘述。我只想和大家分享两点。由于我们绘制的是计划中要发生的事，因此，在绘制流程图时不需要过于细致，只需把对标活动的大致过程（主要活动安排）摹绘出来就可以了。这是第一点，需要大家做到：流程完整、节点清晰。第二点要分享的是，不要以为抽象的对标活动就没有流程，这些活动同样可以划分成1，2，3，4。什么是抽象的对标活动呢？比如企业文化、经营模式、管理习惯、管理数据……之所以称它们为抽象的对标活动，是因为这些对标活动初看之下好像只需要听听对标对象的经验就可以完成。其实，抽象的对标活动要想落到实处，更需要有明确、细致的安排。

我们以企业文化对标为例。好的企业文化的对标应当首先从企业文化的诞生背景、历史环境入手，再去考察企业文化在对标企业里的存在现状——企业愿景、价值观、文化符号体系、宣贯体系、与亚文化的共存情况、配套的奖惩制度、相关组织设置及运行情况，最后深入挖掘标杆企业文化对标杆企业发展的助推方式和助推效果等。简单来说，如果我们把抽象的对标活动看成一次与标杆企业的交流活动，那么对标效果将十分有限。如果我们对抽象的对标活动也有明确的规划和具体的步骤（流程），那么这样的对标活动才会是深入的、受控的。因此，关于第二点，需要大家做到：但凡有对标活动，就应该有流程。

步骤二，对对标活动的所有流程展开风险评估。提到风险评估，大家可能会觉得这么专业的事情，我们怎么能开展呢？是不是要请专业人员来完成呢？关于这一点，我想说大家需要重新认识一下什么是风险。风险可能是意外事件，也可能是不确定性，还可能是巨大的损失，但是，从本质上讲，风险是那些影响我们达成预期目标的不利因素。当我们这样看待风险时，是不是觉得自己也可以担任风险评估员？不过，要想做好风险评估，还是需要使用一定的工具的，这个工具叫风险评估图（见图8-1），最早应用于项目管理领域，用来评估项目推进过程中可能遇到的风险。我们要做好对标活动的风险评估，正好可以用用它。

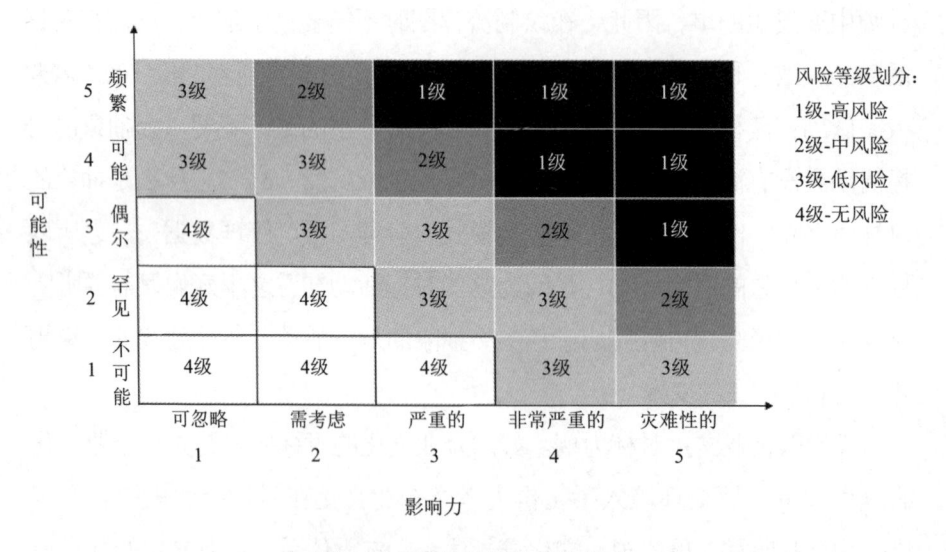

可能性		1 可忽略	2 需考虑	3 严重的	4 非常严重的	5 灾难性的
5 频繁		3级	2级	1级	1级	1级
4 可能		3级	3级	2级	1级	1级
3 偶尔		4级	3级	3级	2级	1级
2 罕见		4级	4级	3级	3级	2级
1 不可能		4级	4级	4级	3级	3级

影响力

风险等级划分：
1级-高风险
2级-中风险
3级-低风险
4级-无风险

图8-1 风险评估图的基本样式

风险评估图的使用方法分为四步。

（1）为对标流程的每个节点（步骤）编号。

（2）1分为最低、5分为最高，对流程节点发生风险的可能性进行打分。

（3）1分为最低、5分为最高，对流程节点发生风险后的影响大小进行打分。

（4）看看每个流程节点在风险评估图上的落位情况，"高风险、高影响"的流程节点就是需要采取风险应对措施的关键控制点。

发生风险的可能性就是发生风险的概率，发生风险后的影响大小就是风险的破坏性。我们把"高风险、高影响"的流程节点定位为关键控制点，正是考虑到这些节点在对标活动开展过程中一旦出现问题，将会产生巨大的影响。如果用"木桶原理"来理解这些流程节点，那么它们一定是木桶的短板，甚至是最容易开裂的地方。另外，关于可能性和影响力评估如何开展，我的经验是：不要一个人拍脑袋，而要一群人团队列名。

对于团队列名这种方法，大家应该也很熟悉，就是在团队充分讨论的情况下，以不记名或者强制发言的方式，让大家对讨论的话题做出表态、给出判断。我们在对对标活动进行风险评估的过程中使用团队列名法，是想让大家用这种方式对每个对标环节从"可能性"和"影响力"两个维度打出分数，从而使每个对标环节都能在风险评估图上有一个落位。当然，大家可能会想，这种打分方式会不会过于感性？团队列名法确实偏感性一些，但是非常实用。不过，为了冲淡打分结果的"感性偏向"，我们可以多邀请一些人参与打分，最好能让参与对标的所有部门都派一些代表参与到风险评估打分中。实践表明，来自不同职能（大区）的人因为视角、立场、个人经验、职业履历不同，可以有效冲淡打分结果的"感性偏向"。

步骤三，对关键控制点进行颗粒度评估。这一步实际上是要求我们对评估出来的关键控制点进行二次审视。这时候需要我们的精益工作组召集所有对接人及参与对标活动的部门联络人坐在一起，重新审视那些关键控制点。如果这些关键控制点已经"小"到变成某个具体的操作步骤，那么这个颗粒度已然合适了。如果其中某些关键控制点还可以进一步拆解，那么建议大家针对这些关键控制点重复一遍步骤一和步骤二，直至把它们中的关键操作步骤框选出来，因为这些关键操作步骤才是真正的关键控制点。

用流程图+风险评估法找到对标活动的关键控制点，大致就是这么操作的。如果大家觉得这种方法有些偏复杂，或者时间紧张，根本无法完成流程图+风险评估法的三个步骤，那么，我还有一种更简单的方法，那就是默想预演法。当我们完成了对标活动的策划后，一般来说对对标活动的整个过程是有完整印象的。在这样的前提下，大家只要花点时间，像放电影一样，在大脑中（也可以是大脑+笔头书写关键字+画箭头）把对标活动的整个过程预演一遍，也能发现一些容易出问题却又很关键的地方,这些地方可能就是关键控制点。

不管用什么方法，当我们用心关注对标活动的整个过程时，总能发现那些值得注意的地方。不过，找到这些值得注意的地方并不是终点，我们最需要做的其实是针对关键控制点制定应对预案，或者想一些办法，让这些容易出问题的地方时刻处于受控状态。举一个具体的例子。当S超市向H集团对标时，打算走进H集团的生产车间，进行现场管理经验对标学习。当时我们面临的情况是，S超市从高层到中、基层共有五六十人将进入H集团的生产车间进行参观，而H集团能提供给我们的资源只有三样：一次全面参观的机会；一名随身携带话筒的讲解员；三四名陪同人员。在这样的情况下，如果不采取有效的控制措施，那么这场参观将流于形式。因此，我们必须在活动实施前找到关键环节，也就是这场活动的关键控制点。采用流程图+风险评估法，大家发现，最大的控制点其实是S超市参观人员的参观目的。只要我们设法让参观人员明确目的，全身心地投入对标里，参观活动就有了最基本的保障（对标经验获取一方的保障）。那么，怎么才能确保参观人员全身心投入呢？我们当时采取的办法是，在参观前开展一场"我要向H集团学什么"的主题活动，让大家预先明确个人的对标方向，以及通过参观具体想了解的问题、想解开的工作困惑等。

三、内化时，要有结果导向的追踪机制：把控制点变成检查点

控制的关键在于反馈。只有受控对象在控制过程中及时给予真实有效的反馈，才可以保证信息传输通畅，从而使受控对象的功能或发展得到改善。我们用控制论的思想去组织精益对标活动，最关键的地方也在这里。特别是进入内化阶段，我们会发现真实有效的反馈绝对是制胜法宝。那么，怎么才能在内化阶段获得真实有效的反馈呢？我们至少要建立一套追踪机制。建立追踪机制的目的只有一个，就是让对标学来的那些东西变成我们自己的。

聊到这里，有人可能会说，对标内化需要一个过程，不能操之过急，最好顺其自然，因为经验、技能的落地需要反复磨合，才能在具体的管理行为、经营活动中有所体现。这个观点有错吗？就向标杆企业学习这件事来说，这个观点是没有错的。可是，大家别忘了，企业对标是有成本的。如果我们没有办法把握对标活动的"余热期"，及时推动对标结果的内化，那么企业在对标活动上的投入在很大程度上就会打了水漂。另外，作为对标活动的组织者，我们有义务对对标内化采取催化措施，加速内化进程。

既然追踪机制必须建立，下面聊聊怎么建立这个机制。

首先，我们需要对"真实有效"四个字有一个统一的认识。"真实有效"其实是要拆开来看的，也就是"真实"和"有效"。在信息传输过程中，最基本的要求就是不能失真。同样，我们在对标内化过程中收集、掌握、反馈的信息也要确保不失真，尽可能保持其原貌。如果以"三现主义"为维度来看我们收集到的信息，那就要做到"现场、现物、现实"的1∶1还原。虽然这个要求有点严苛，却是我们努力的方向和坚持的基本原则。可以说，如果无法确保信息的真实性，那么任何追踪、反馈都将建立在虚空之上。"有效"，就字面意思来说，就是有效果，其实还有有效率、及时的含义在里面。我们在对标内化过程中追求信息流动的有效性，就是想

让所有信息在流动过程中都能起到应有的效果，同时保持较高的效率。

之所以把"真实有效"四个字掰开了揉碎了探讨，是因为我想和大家分享这套机制的基本运行规则。实际上，效果追踪机制说到底是一套信息反馈机制。要想让这套机制高效运转，就得遵循不失真、有效果、有效率、及时性四大原则。

其次，我们再聊聊PDCA以终为始这个话题。在这里需要大家一起回顾一下开展精益对标的初心：向标杆企业学习，补齐短板，推动精益变革。在守护这颗初心的前提下，我们应该清楚开展精益对标内化的终极目的就是推动精益变革，我们设计追踪机制也是为了实现这个目标服务的。因此，在开始推动对标结果内化之前，大家应当根据对标学习的内容大胆地畅想一下，如果我们从标杆企业身上学到的东西都可以被很好地吸收，那么我们所在的企业将会变成什么样子。对于这些"将会变成的样子"，大家除了在脑海中想象一下，还应当尽可能地把它们写下来，变成落在纸上的1、2、3、4。特别是那些与关键控制点有关的对标内容，它们可能为我们所在企业带来的改变更应该被清晰地梳理出来。当然，这项工作最好不要由某个同事，比如我们自己单独完成。最佳的做法是，像我们当初做对标活动策划时那样，把精益工作组的战友、参与对标的部门对接人，以及与关键对标内容有关的部门领导邀请到一起，组织一次以"对标后我们会变成什么样子"为主题的讨论会，让大家把自己的期待描画出来，然后把这些期待变成共同的"对标愿景"。

有了共同的"对标愿景"，大家就知道我们在对标内化时要实现的关键目标有哪些了。我们要建立对标内化追踪机制，实际上就是要通过全程的追踪，确保这些关键目标都可以实现。如果我们把这个过程看成PDCA闭环，那么，我们在这个步骤中要做的就是让检查（check）围绕计划（plan）的内容去开展。简单来说，就是要以终为始，由结果导向。

最后，具有结果导向的对标内化追踪机制应该怎么建立？

步骤一，明确追踪点。核心的追踪点有两个：① 与关键控制点有关的对标内容；② "对标愿景"中的支柱性内容。关于关键控制点对于对标活动的价值我们已经探讨过了，大家应该能感受到"只有关键控制点控制得好，对标活动才能办得好"这个要点。在这里我想解释一下为什么与关键控制点有关的对标内容如此重要。道理其实很简单，能够列入关键控制点的内容都是决定对标活动成败的重要内容。这些内容对于企业变革、对于对标活动本身的价值有多高可想而知。另外，就S超市对标的经验来看，那些"得来不易"的对标成果相对更容易被企业内化吸收。原因在于大家印象更深刻，甚至憋着一口气想要让这些成果在企业落地。所谓"对标愿景"中的支柱性内容，就是支撑"对标愿景"实现的核心内容，我们可以把它们理解成一根柱子或房梁，只有这些柱子、房梁被搭建出来，"对标愿景"这间大房子才可能被建造出来。举个例子，S超市当年对标发现供应链溯源（简单来说，就是要找商品的供给源头并展开合作，这么做的好处是可以减少中间环节，大幅降低采购成本）对于供应链体系的构建意义重大，如果无法完成供应链溯源，那么S超市原有的供应链体系就没办法发生颠覆性变化。如此一来，在S超市对标愿景中的供应链变革模块的支柱性内容就是设法完成供应链溯源，并且让供应链溯源成为常态。

步骤二，展开追踪。展开追踪这件事会涉及三个问题：① 由谁来追踪？② 由谁来反馈？③ 如何去追踪？关于由谁来追踪，有两种做法供大家参考。第一种做法是专事专办，即成立一个专门的临时性组织去定期追踪对标效果。这个临时性组织的成员构成可以考虑如下四类人：与对标模块有关的高管、精益工作组（包括精益对接人）、对标实施单位代表、对标成果的用户（或者称为客户，就是那些使用对标成果的单位的代表）。第二种做法是由精益工作组明确专人定期追踪。虽然第二种做法能起到的效果十分有限，最多只是一种督促，但是在企业条件不允许的情况下，也不失为一种选择。

由谁来反馈？这个问题的答案是毋庸置疑的，当然是对标实施单位了。不过，在这里我要提醒大家，我们不要把对标效果的反馈对象明确为"对标实施单位"这个抽象的组织概念，而要责任到人，明确具体的对标效果反馈人。

如何去追踪？我们的经验是标准化、周期化、闭环化。怎么做到标准化呢？第一，有一种标准化的反馈方法，也就是说，我们需要在开展对标效果追踪之前，发布一套大家共同遵守的规则，我们当时把它称为《S超市对标内化反馈机制》。第二，输出一个对标成果内化效果追踪模板（见图8-2）。对这个模板只有一个要求：简单好用，可以持续追踪。基于这个要求，反馈模板上需要呈现的内容至少包括：① 需要追踪的内化目标；② 阶段目标内化情况；③ 后续内化目标及计划；④ 内化责任人及追踪周期等。对标成果内化效果追踪模板可以预先设计，然后随同对标内化反馈机制一起发布。在发布之后，除非在使用过程中出现重大问题，一般来说，应该从始至终使用同一个模板进行信息的收集和反馈。第三，当我们需要呈现或者通报对标成果时，也应该有统一的路径、相对固定的形式（包括渠道和平台等）。

S超市对标成果内化效果追踪　（模板）

对标背景	内化目标
阶段目标内化情况	
后续内化目标及计划	
内化责任人	追踪周期

图8-2　对标成果内化效果追踪模板的基本样式

第八章 推进（局部战场）——中层：把每一次标杆学习都当成脱胎换骨

周期化是指我们在追踪对标效果的过程中应保持固定的追踪周期，比如以单周、双周或者月度为单位。这么做不但可以让对标人员免去遭受频繁打扰的痛苦，还可以为对标内化活动创造一个合适的节拍。

闭环化是一个双向要求，既要求我们对于对标单位的反馈及时做出反应，还要求对标单位参考我们提出的整改建议及时做出调整。也就是说，作为追踪单位，在收到对标单位呈送的对标现状时，我们不应该只是看看而已，而要对对标现状做出评价和反馈，对于对标好的地方应当及时给予肯定，对于对标不好的地方应当提出整改要求或者建议。同样，作为对标单位，在收到追踪单位的反馈时，对于得到肯定的对标成果应及时总结经验，予以固化；对于需要整改的内容，应参考整改建议及时采取措施。只有这样，才能形成一个完整的"呈送—反馈—总结/整改—呈送"的闭环。除此之外，我们强调对标内化追踪的闭环化，还有更重要的一点在于，希望对标获得的核心内容（也是我们的对标愿景）和实际得到内化的内容形成一个"所学即所得"的闭环。

步骤三，定期反思。定期反思是在对对标效果定期追踪基础上的全员反思。反思的对象可以是与对标活动有关的单位，也可以扩大到公司全员。我们开展定期反思的主要目的有三个：① 阶段性地分享对标内化成果；② 推广内化成果，用内化成果催化新的精益改善活动；③ 给对标实施单位提供一个交流、分享的机会。这种对标内化过程中的定期反思活动要想做得好，除了邀请公司领导参与，往往需要配套采取激励措施，比如，评选月度、季度"对标之星"并现场颁奖。对于定期反思活动的举办周期，建议最好能和定期反馈的频次拉开较大间距，这样才能做到错落有致、张弛有度。

以上就是我们在对标成果内化阶段要做的事情。大家需要把握的只有一点，即无论采取什么措施，都要让对标成果内化全程处于受控状态。这就是我们的经验。

四、固化时，要有变革的勇气：
用 ESIA[①] 去优化你的流程

完成了对标成果内化，对标活动就可以结束了吗？关于这个问题，我一开始的想法是，既然已经内化了，对标经验已经被相关部门吸收了，应该没什么要做的了吧。之后，我又仔细想了想，对标这件事不光有"吃啥"（根据自己的身体状况选择对标对象和对标内容）、"怎么吃"（对标活动策划）、"如何消化"（对标内化及结果导向的追踪机制）的问题，还有"怎么成长"的问题。什么是企业在对标中的成长呢？至少应当是自身的变化。也就是说，当我们讨论对标给企业带来的成长时，讨论的主题已经不是对标活动了，而是企业当下的运营状况。讨论的主体一旦发生变化，我们就会面临两个新的问题：① 企业对对标学来的这些东西有没有排异反应？② 如果没有排异反应，那么企业的成长在哪里？要回答这两个问题，就需要我们再次跳出来，去进行全局观察、评估。

排异反应是一个医学概念，它的官方解释是异体组织进入有免疫活性宿主的不可避免的结果，这是一个免疫过程。可以看出，这是我们的身体在面对新的、不一样的东西有异于自身原有系统时的主动反应，或者说防御性反应。进一步讲，这是我们的身体不愿意接受新东西、不愿意改变现有身体状况的一种本能反应。当然，在医学上能够排异的一般都是根本无法被身体吸收的东西。如果我们把企业看成身体，那么所谓的排异反应就是企业面对变化时的"不愿意接受改变"运动。在这项运动里，企业抵制的有可能是那些根本没办法在企业落地的东西，也有可能是能给企业带来新的变化的东西。就像身体组织的排异反应一样，企业的"不愿意接受改变"运动也是一种客观存在，是我们必须面对的现实。

---

① ESIA：即环境分析、问题确定、解决方法确定和方案实施，为行文方便，后面均简写为 ESIA。

那么，我们应该怎么面对企业的排异反应呢？

首先，要有变革的勇气。"勇气"这个词现在已经被滥用了，就连冬天起床都会被人夸一句"你真有勇气"。可是真正有勇气的人越来越少，在很多时候我们甚至连面对自己的勇气也没有。我们在这里探讨的变革的勇气显然要比面对自己的勇气豪壮得多。我记得在S超市里大家通常用"壮士断腕"的勇气来类比变革的勇气。壮士断腕的完整表述是"蝮蛇螫手，壮士解腕"，这是一则出自《三国志》的典故，讲的是三国时期，蜀国大将姜维率领几万人马向狄道发动进攻，打算夺取狄道，灭魏军气焰。地方守将陈泰派人去阻击，结果吃了败仗。陈泰没有办法，只好亲自上阵。在上阵途中，陈泰偶遇魏国后期名将邓艾。邓艾见情势危急，打算放弃狄道，坚守其他城池，于是跟陈泰说，古人说过，如果遭遇毒蛇咬手，壮士的最佳选择就是把手腕砍下去来保住性命。谁知道陈泰更加明白"壮士断腕"的道理，他果断放弃坚守其他城池的想法，连夜登上狄道东南的高山，点起烽火，吹起号角，让姜维误以为魏军援兵已到，被迫撤军，错误地放弃了狄道，狄道的危机随之解除。我们聊"壮士断腕"，聊勇气，聊的正是这种果断取舍的魄力。

其次，要勇于试错、敢于容错。企业鼓励员工勇于试错，实际上是鼓励员工不要有任何思想负担，去大胆地尝试。当我们面对对标学来的东西时，也应该鼓励员工多多尝试，哪怕明知这种尝试会有很大的风险，也应当先让员工试一试，再决定是留还是弃。容错是对企业或者说是对管理层的要求，说白了也是一种变革胸怀。如果企业对任何失败都采取零容忍的态度，那么，员工会因为担心犯错、担心承担犯错带来的成本而更加不愿做出任何改变，更别提尝试新的东西了。因为大家都清楚，只有按部就班，才能避免犯错。企业只有仔细甄别员工犯的各种错误，或者在一定程度上容忍员工犯的错误，才能让员工敢于尝试。往高了说这是企业文化，往低了说这是企业的工作氛围。如果企业真心希望对标学来的东西能够给企业带来成长，就应该积极打造"勇于试错，敢于容错"的企业文化，营造相对宽松的工作氛围。

最后，实事求是，面对现实。就像我们吃完一整块面包，也不见得就能吸收整块面包的所有营养一样，企业即使把所有对标成果都内化了，也不见得在所有的对标维度上都能实现期待中的成长。因此，面对对标给企业带来的成长，我们应该更客观一些。即使不达预期，也应当实事求是，能带来多少成长就是多少。那些实在没办法被企业吸收或吸收后也没办法给企业带来明显成长的对标内容，该放弃的还是要放弃的。因为我们已经试过了，它们确实是不行的、不适合我们的，所以，我们果断放弃，避免更多的资源投入也是合理的。这就是面对现实，不拖泥带水的对标态度。即使我们还想在这些方面得到提升，我们的最佳选择也是开展新的对标活动，而不是在不合适的事情上继续浪费人力、物力。

聊完排异反应，我们再聊聊企业的成长在哪里这个话题。在我看来，企业的成长应当表现在这几个方面：① 管理者管理行为的改善；② 新的良性经营习惯的养成；③ 企业中、短期发展目标的调整优化；④ 现有作业标准、流程规范的升级迭代；⑤ 员工精神面貌的正向变化等。这些表现都是我们能看到的。如果往我们"看不到的"更深层级探索，我们就会发现，在企业成长之后，信息流、物料流的流动速度更快了，创造价值的能力更强了。

不过，无论是看得见的那几个方面，还是看不见的更深层次，企业的任何一次成长都离不开流程的优化。也就是说，企业的成长都是建立在对现有流程的打破、重构基础上的。因此，在这一步中，我们的经验是，再用一次ESIA，去重塑现有的工作流程。需要说明的一点是，对标成果固化阶段的流程重塑和推广跟高管的一般性流程重塑的关注点略有不同。对标成果固化阶段的流程重塑关注的是对标内化的内容和企业现有流程的融合，而一般性流程重塑关注的重点在于对现有流程的优化。事实上，大家也可以简单地理解为,对标成果固化阶段的流程重塑是在一般性流程重塑基础上的二次重塑。当然,我们也可以以对标成果固化为契机,开展全面的流程重塑,这样就不存在一次、二次的差异了。

关于流程重塑的方法和ESIA到底如何操作,我们在前面已经分享过了,在这里不再赘述。我想提醒大家的是,无论是一次流程重塑,还是二次流程重塑,我们都应该尽可能彻底地开展这项工作。可以说,流程重塑的程度决定了企业成长的高度,当然也是对标成功的高度。

小故事:海尔的日清法怎么对标

日清法是海尔的首创,强调的是"今日事,今日毕",推崇事事有计划、日日有计划,每天列入计划的事情必须在当日处理完,从而提高管理效率,避免低效、重复。相信很多和海尔对标的企业都学习推广过"日清法"。那么,日清法到底应该怎么对标呢?是不是跟海尔对标完,就要求自己的下属从月头到月尾,每一天每一个时间段都列出详细的工作计划,然后盯着他们,让他们每天都把当日的工作计划清空呢?当然不是。我们学习日清法,应当学习其背后蕴藏的管理理念:① 工作应当有明确的计划;② 有了工作计划,就应该严格执行;③ 尽可能在当天完成计划中的工作。这些才是我们应当对标的内容。

第九章

推进（局部战场）——基层：
推进现场管理专业化

19世纪80年代，美国人建造出54.9米高，共计十层楼的"芝加哥家庭保险大厦"，被公认为人类世界第一座摩天大楼。此后130年间，人类开始了建造摩天大楼的竞赛。直至2010年，迪拜建造出哈利法塔，以828米、168层的高度雄踞世界第一高楼，才为这场竞赛暂时画上了一个句号。回顾人类的"高建筑"建造史会发现，除了技术工人的作业素养，真正制约我们的还有与建造有关的现场管理能力。

一、今天你精益了吗：用门店 5S 与消除浪费完成"精益洗礼"

在精益推进早期，我们为了调动大家的积极性，曾经把5S作为一种参与门槛较低的运动推广给办公室人员。在挑选精益变革的机会人群时，我们又以消除浪费为视角，开展过该项工作。大家都知道5S与消除浪费其实是不分家的，我们在精益推进早期将它们拆分之后，推进了两项不同的工作。进入本节，我们将让5S与消除浪费重新走到一起，和大家探讨一下"5S与消除浪费"这套组合拳该怎么打才最合适。

另外，从第七章开始，我们分享的都是在局部"战场"上怎么打赢攻坚战的方法，也是如何让某个细分人群在精益变革中贡献价值、产出精益成果的方法。同时，我们也遵循了从高层到中层再到基层的基本脉络。沿着这个脉络，进入本章，我们关注的重点将是如何让基层变得更精益，或者说如何确保基层的精益改善活动都有高质量的产出。然而，就像一个人要想变得更优秀，就得从改掉自己的坏毛病开始一样，基层员工要想更精益，有高质量的产出，也应当从改善现有工作中不能创造附加价值的行为开始。这就是我们把"5S与消除浪费"这套组合拳怎么打作为现场管理的

第一个话题谈的原因。当然，按照正常逻辑，"5S与消除浪费"也是做好现场管理的起点和最基础的内容。

5S即整理（seiri）、整顿（seiton）、清扫（seiso）、清洁（seiketsu）、素养（shitsuke）。浪费即不能创造附加价值的所有行为。浪费一共有七种：生产过剩的浪费，库存的浪费，不合格品的浪费，动作的浪费，加工的浪费，等待的浪费，搬运的浪费。消除浪费就是在企业的生产经营过程中消除这七种不能创造附加价值的行为。这些内容我们在前面已经具体分享过，在这里再稍稍回顾一下，大家有一个印象就好。

当我们把视角下调，聚焦到具体甚至有些琐碎的日常工作中时，就会发现，先绘制流程图，然后识别浪费点（没办法创造附加价值的流程节点）这样的方法已经很难被用起来。事实上，我们尝试过很多次，明明已经花了很大的精力把流程图画出来，又识别了浪费点，却根本没办法消除浪费。这是为什么呢？经过检讨反思后，我们发现，问题的关键其实并不在方法上。导致浪费行为出现的关键其实并不在于流程设计不合理，而在于习惯（在这里我并不是想说在基层作业层面流程设计的合理性不重要，而是想表达相比于流程设计的合理性，基层员工的作业习惯对浪费的产生和消除影响更大）。

谈到好习惯的养成，我相信大家一定会想到一本书——《高效能人士的七个习惯》。史蒂芬·柯维先生创作这本书的最初目的在于推动组织共同学习，以及构建学习型组织。也许是因为大家非常希望有一本书能告诉自己如何养成良好的职业习惯，《高效能人士的七个习惯》受其书名影响，渐渐成了与其撰写初衷背离较大的一本领导力领域的经典大作。除了《高效能人士的七个习惯》，市面上还有《×××作息法》《×××时间管理法》《×天养成一个好习惯》等书籍。看了这些书就能养成好习惯吗？我想肯定会在养成好习惯方面从不同的维度给大家以启发。但是，要深究其是不是对养成良好习惯有很好的推动作用，恐怕跟个人的吸收情况和自律情况有更大关系。另外，类似的书籍都是从个体出发的，探讨的都是个体习惯如何养成的话题，而我们在精益变革中面对的从来都是某个群体，是数量巨大的一群人。同时，就推动精益变革这件事情来说，我们在基层员工工作习惯养成方面是不能等的，更不能把希望寄托在"吸收情况"和"个人自律"上。因此，我们要用一套适用于群体习惯养成的、更加行之有效的方法去实践。这套方法概括起来有九个字：先僵化、后优化、再固化。"先僵化、后优化、再固化"据说是华为的首创，是一个具有进阶特征的管理方针。由于探讨的话题不同，如果说我们借鉴了华为的经验，那么我们最多借鉴了蕴藏在这九个字背后的节拍。

"先僵化"，正如字面意思，需要基层员工僵硬地，甚至生硬地去执行一些事情。为什么要用这种近乎不近人情的方式"强迫"员工去做一些事呢？主要是想在员工身上留下某种近似"肌肉记忆"的东西。当然，这么做的前提一定是我们系统地、彻底地开展并完成了工作检讨。那么，这种工作检讨该怎么做呢？我们的经验是，在基层开展一场以"5S与消除浪费"为主题的工作改善运动，以全员参与的方式，先对大家手上的工作展开集体反思，然后形成拥有普遍共识的工作改善方向。

为了让基层的工作改善运动在精益思想的指导下完成，在活动开展前期，精益工作组要做的事情有三项：① 送培训下基层；② 开展动员工作；③ 明确责任人和时间线。送培训下基层的培训内容一定是与"5S与消除浪费"相关的知识点和实操技能，其目的在于帮助员工打开思路，同时教会大家最基本的工作检讨技能。开展动员工作听起来似乎有些走形式，其实是营造活动氛围的关键手段。简单来讲，就是要让员工感受到压力，意识到这件事的严重性，同时有意愿行动起来。当年在S超市里，我们基本上把动员会开到了每个大区的核心门店。希望大家不要忽视任何一场动员会，因为动员会是输送动力的有效手段，动员会召开到的地方就是我们前线战场延伸到的地方。此外，如果大家想让动员会开得让人更加印象深刻、更加有所触动，还可以邀请有关领导陪同下基层参会，也可以在动员会现场公布与工作改善运动配套的奖惩机制。明确责任人和时间线最基本的目的在于希望活动受控。责任人既可以是基层单位的管理者，比如门店的店长级人员，也可以是热衷精益推动的某个"精益达人"，总之，能做到每个基层单位都有责任人就可以了。责任人一方面为我们建立了一条直达基层的沟通渠道，让我们可以直接掌握基层单位的活动开展情况；另一方面为基层单位开通了一条遇到问题可以及时解决的绿色通道。时间线不同于工作计划，它不需要太具体的内容，只要基层单位明确基本的活动节奏就可以了。明确时间线的主要目的在于让基层单位做出基本的成果产出节点承诺，让活动集中在限定的时间内完成。

大家也许已经看出来了，要在基层把工作改善运动搞好，工作的大头其实在活动开展前。人们常说磨刀不误砍柴工，这些工作虽然有些繁重，但是只要我们全部做到位了，后续要开展的工作改善运动一定会朝着预期的方向推进。事实上，我们在基层开展的工作改善运动最好的状态应该是员工自发地、自主地去检讨，而不是被某些人"牵着鼻子走"。要知道，在工作改善运动之后，我们要做的就是把工作检讨的结果"僵硬"地应用起来。如果工作改善运动都做得"很僵硬"，那么，后续的僵化就真的成了僵硬的固化。总而言之，开展工作改善运动一定要充分调动基层员工的积极性，工作改善的方向也应当征求员工的意见，或者是大家都认可的东西。当然，在开展工作改善运动的过程中，我们作为精益推动人员也不能彻底放任不管，还是有一些工作要做的。例如，和基层单位的责任人保持联系，及时掌握工作改善运动的开展情况，并且在基层单位有需求的时候尽可能地提供帮助。还要多下基层，因为问题往往发生在一线，只有深入现场，才能解决现场的问题。此外，工作改善运动的成果作为下一步需要"僵化"的内容，不能仅仅停留在口头上，而要落在纸上，形成固定的文档，而且还要便于员工随时翻阅。

第九章 推进（局部战场）——基层：推进现场管理专业化

历史的规律告诉人们，矫枉必过正，僵化就是严格的行为矫正。当我们完成了工作改善运动，并且形成了工作改进的方向后，接下来要做的就是用严苛的奖惩机制强行改变员工的工作习惯。例如，以前收银的时候可能没有规范的动作，现在要求收银员必须在三个动作内完成收银。因为只有这么做，才能缩短顾客的排队时间，降低等待带来的浪费。员工在这个过程中很可能会感到很不舒服，或极度不适应，即使这个改进方向是由员工本人提出来的，但是他还是会觉得难以承受。在这个过程中，除了严格执行奖惩制度，我们还需要做的，或者说我们需要引导基层单位管理者做的是及时安抚，以及频繁地告诉员工这么做是值得的。

"再优化"是指工作改进方向在基层试用了一定时间后，我们回过头来再看看，还有没有可能做得更好，以及有没有可能在保证效率的前提下让员工工作时更舒服一些。简单来说，"再优化"就是在"先僵化"基础上的二次工作检讨。"后固化"指的是完成前面两个动作后，我们应设法把这种改进方向变成基层员工的工作习惯。

当初为了让工作改善运动能够深入人心，我们还编了一句口号："今天你精益了吗？"如果大家也想把工作改善运动搞得有声有色，那不妨试一试。实践表明，当面对庞大的人群开展工作时，口号深入人心，足以大幅提升战斗力。最后，我还有一点想和大家交流。在基层开展工作时，过硬的专业能力只是基本要求，想办法调动起员工的积极性才是取得成果的关键。这也是在该阶段中应用5S与消除浪费相关工具时，我们要把大量功夫下在工具之外的原因。

二、这事你说了算：帮助现场主管完成角色转变

提到现场管理，我们很容易就想到了基层员工。但是，大家有没有想过，还有一个群体在现场管理中起着至关重要的作用，他们就是现场主管，也是基层单位的当家人。现场主管是企业最小单位的负责人，承担着最小单位应当承担的业绩压力。如果他们管理经验丰富、善于处理人际关系，那么，他们还会是企业最小单位的凝聚力所在。同时，现场主管作为一线作战单位的指挥人员，还承担着传达作战指令，保持基层单位战斗力的责任。也就是说，大到企业愿景、企业文化、长期计划，小到规章制度、中短期计划、临时活动的安排，都需要通过现场主管去传达、执行、督促、跟进。另外，现场主管还拥有基层单位经营资源的调配处置权。我们可以毫不避讳地讲，离开现场主管，企业最小单位将会变成无头苍蝇。

对于谁到底才是"现场主管"，我们也许会有不同的界定。以S超市为例，我们可以把门店的店长看成现场主管，因为他们确实是S超市最小构成单位的管理者；也可以把生鲜部、电器部的负责人看成现场主管，因为他们是S超市某个商品大类的最小单位管理者；还可以把某次临时活动的负责人、协调人看成现场主管，因为他们确实是企业"最小战役"的组织者、指挥者。为了让大家在本节的探讨中不至于产生误解，我们将现场主管明确为企业最小构成单位的管理者，也就是在公司管理体系中担负管理责任的基层单位负责人。如果回到S超市，那就门店的店长级人员。当然，我们这么明确只是为了方便交流，大家在思考、实践中把"现场主管"扩展到其他几类人身上也是非常合适的，因为道理是相通的。

既然现场主管如此重要，那么，在精益变革中，我们就应该设法调动起他们的积极性。事实上，大家应该可以想象得到，如果现场主管对精益变革持有不支持、无所谓、看热闹的态度，则会发生什么——在基层员工

第九章 推进（局部战场）——基层：推进现场管理专业化

和中、高层管理者、精益推进人员之间永远会有一道防火墙，当我们试图用精益的热情让基层员工"燃烧"起来时，总会有人"瞬间隔断"或者"快速冷却"。为了避免这种被动局面的出现，我们在精益推进前期就对该类人群特别重视，甚至经常性给予特殊照顾。例如，在最早的精益管理知识普及班中，我们会把一定比例的培训名额留给店长级人员。同时，在基层单位"精益达人"的评选中，除了保持公正、公平，我们还会向店长级人员予以适度倾斜。总之，在精益推进前期，我们真心希望有一部分店长跟着精益工作组先动起来。一分耕耘一分收获，从前期工作的开展效果来看，有一大批店长成了精益变革的忠实拥护者。不过，这还不够，我们需要的是现场主管的高质量精益产出。

高质量的精益产出大致有两个特征：① 能为企业的精益变革起到直接的助推作用；② 能在企业的价值创造中把角色价值发挥到极致。围绕"店长如何输出高质量的精益产出"这个话题，我们专门对若干店长、店员及管理店长的中、高层管理者进行了访谈，结果发现店长在精益变革参与中主要有两大困惑：一是在很多情况下店长说了不算；二是店长觉得自己在精益推进中和普通店员没有差别，但是又觉得不应没有差别，因而始终搞不清角色定位，摆不正位置。大家都知道，精益管理倡导的是人本主义，主张的是将人的效能发挥到最大。当我们了解到店长的这两大困惑时，感到非常震惊，因为如果我们再不做出改善，那么如此关键的"枢纽单位"的作用将会被彻底埋没。

在对店长的两大困惑进行深入思考之后，我们发现这两大困惑其实是一个困惑：店长在精益变革中搞不清角色定位，摆不正位置。为什么会得出这个结论呢？其实很好理解，店长在精益变革中之所以说了不算，正是因为他们丧失了自己角色的特殊性，也就是没把角色的独有价值发挥出来。基于此，在精益推动阶段，我们将工作重点调整为帮助现场主管（店长）完成角色转变。

通过对工作重点的表述，大家应该也看出来了，我们已经将店长定位为"现场主管"。也就是说，我们想给店长灌输一种理念，那就是，在基层单位的现场管理中，精益变革这件事，他们说了算。当然，"说了算"是一把双刃剑，既有应当赋予店长的权利，也有他们应该担负的责任。说得再直白一点，"现场主管"这个角色的明确，除了给店长一个"名分"，还将门店一级单位明确为精益变革的基层"作战单位"。作为基层作战单位，在精益变革这场战役中，他们是可以跨越所有层级，直接听精益推进小组指挥的。相应地，对于自身精益变革的效果、成果，他们是需要"自负盈亏"的。稻盛和夫先生曾把这种自我领导，自行制订各自的计划，并依靠全体成员的智慧和努力来完成目标的组织称为"阿米巴组织"。我们将门店明确为基层作战单位，就是在为S超市的精益变革打造阿米巴组织。

店长作为精益阿米巴组织的领导人，他们与以往的管理者角色有什么差别呢？首先，他们是基层员工（所在门店）的精益导师。其次，他们是精益改善的倡导者。最后，他们是精益变革的总负责人。作为基层员工的精益导师，现场主管（店长）需要超前获取精益知识和技能，然后在基层单位里予以宣贯和传播。同时，他们还应当在现场人员（店员）中间物色并培养精益骨干，以形成基层单位精益变革的中坚力量。此外，作为精益导师，店长还需要在店员开展精益改善的过程中提供指导和评价。作为精益改善的倡导者，现场主管要把工作现场（门店）作为自己和团队的变革对象，开展系统性的、彻底的工作检讨和反思，从而明确变革方向，并予以推进实施。在实施变革的过程中，现场主管不仅要亲自挂帅，主导推进较大的现场管理相关（门店级）项目，还应对基层单位正在开展的改善项目予以统筹安排，力争做到"同一家单位，同一个步调"。作为精益变革的总负责人，现场主管除了要做好统筹工作，还要定期回顾、盘点基层单位的变革成果，并及时调整变革策略，同时对精益资源的投放做好合理安排。

第九章 推进（局部战场）——基层：推进现场管理专业化

以上是现场管理者（店长）在精益变革中要完成的角色转变。为了加速现场管理者完成角色转变，或者说为了确保这件事情的效果和产出，作为企业的精益推进人员，我们在这个过程中有哪些工作需要开展呢？我的经验是：树立标杆，给予方法，帮助总结。

树立标杆有两个作用：一是给人以希望；二是给人打个样。给人希望，是想告诉大家这件事是有可能被做成、做好的。给人打个样，是想用"标杆"的实际行动告诉大家，只要这么做就有可能做成、做好。在现场管理者的角色转变前期，也就是刚刚推进这件事情的时候，我们就物色了几位既热衷精益又有想法、做事干练的店长予以重点培养，手把手地帮他们完成了最基础的角色转变；然后引导这些"标杆现场主管"尝试总结出自己的成功经验；最后把他们的事迹和成功经验予以推广，从而将树立标杆的两个作用全部发挥出来。

给予方法，主要是不想让现场主管摸着石头过河，想让他们有一个倚仗，这样大家也可以快速度过角色转变期。不过，我们能给予的方法十分有限，只是一些现场主管的角色有哪些，以及如何开展角色下相关工作的简单指引。说实话，当初我们之所以要把方法给得如此简单，主要是因为我们考虑到各个门店的实际情况不一样，如果做得太细，恐怕某些店长会照本宣科，从而导致大家的主观能动性无法发挥出来。但是，不管方法有多么简单，还是要给予现场管理人员的，因为这么做可以有效避免现场主管不知道如何开展工作的被动局面出现。

帮助总结，需要精益推动人员在现场主管转变角色的过程中，定期帮助其总结得失和经验。具体形式既可以是正式的会议，也可以只是一通电话。这么做主要是想让现场主管看到自己的变化和成绩，并明确未来需要改进的方向，同时也在帮助他们在忙碌中掌握节奏。

风靡世界的著名童话《小王子》中有这么一句话：你在你的玫瑰花身上耗费的时间，使得你的玫瑰花变得如此重要。在帮助现场主管完成角色转变的过程中，我们应该鼓励他们在这件事情上投入更多的时间和精力，同时也应该如此要求自己。

三、我们提供的只是舞台：明确现场人员的角色和分工

把现场主管剥离出来之后，我们再探讨现场人员的角色和分工，有两个维度：第一，明确现场人员在本职工作中的角色和分工；第二，明确现场人员在精益变革过程中的角色和分工。1852年，一家名为Bon Marché（博马尔谢）的百货商店在法国巴黎开办，标志着现代零售业的诞生。如果以1852年为起点，那么现代零售业少说也有170多年的历史了。通常来讲，一个行业历史越悠久，行业发展越成熟，行业分工也就越明确。因此，就现代零售业来说，门店一级的分工，以及店员扮演的角色，其实是非常明确的。分工明确、角色清晰的好处在哪里呢？就我们要推动的精益变革来讲，我们希望店员做的是对自己本职工作的检讨和改善。那么，检讨和改善的前提一定是店员知道自己的职责所在及工作范畴。基于此，我们可以做出最基本的判断：分工明确、角色清晰是基层精益变革的前提和基础。

S超市作为现代零售业的一分子，显然是幸运的。因为我们翻翻岗位说明书，看看工作指引，就可以大致掌握店员的角色和分工情况。但是，零售业并不能代表所有行业，特别是随着互联网经济的发展，许多新兴行业如雨后春笋般涌现出来。如果我们以为所有行业的基层单位都有明确的角色和分工，就有些想当然了。因此，建议大家在开展精益变革之前，对基层单位的分工情况进行全面摸底。如果像S超市那样什么都有，那么我们显

然是幸运的。如果只有基本的分工，在角色界定上却不那么清晰，又或者什么也没有，只能分得清谁是主管和谁是员工，那么，我们首先要做的一定是开展岗位调查，运用HR领域的工具和方法，完成基层人员的岗位界定、角色划分，并形成清晰的岗位说明书或工作指引。

以上是开展精益变革前的基础工作，我们再聊聊精益变革过程中现场人员的角色和分工。在此之前，还有一点需要向大家说明。限于现场人员在精益变革中参与方式的多元性，以及各种角色间切换的随机性、临时性，我们很难把现场人员固定或者明确为某个角色，更不能告诉现场人员他在精益变革过程中只能做这些事。因此，我们探讨的现场人员在精益变革中的角色都是动态稳定的，也就是现场人员在某个时间段、某个场景下扮演的角色、获得的分工是固定的。从精益变革在基层的实践来看，现场人员扮演的角色大致有三类：① 精益思想的接受者和传播者；② 精益改善的发起者和实施者；③ 精益变革的推进者和受益者。

作为精益思想的接受者和传播者，要求现场人员在接受精益思想、工具、方法、技能培训的同时，还得有能力去传播精益思想。如果用"言传身教"四个字来概括，那么，现场人员除了要用自己的行动感染别人，还得有能力把与精益思想相关的东西讲出来，传授给别人。也就是说，就这类角色而言，我们需要现场人员具备三种能力：学习能力、公众表达能力、教练能力。

作为精益改善的发起者和实施者，要求现场人员有能力发现改善机会点，并有可行的方法发起、推进改善活动（包括精益项目），最终完成改善。就这类角色而言，我们需要现场人员具有最基本的流程诊断和项目管理能力。

作为精益变革的推进者和受益者，不但要求现场人员能够充分参与到企业变革中来，还得有能力为企业的精益变革做出实实在在的贡献（或者起到助推作用），同时享受到变革带来的好处、产生的成果。就这类角色而言，我们需要在基层建立基本的保障制度，编写、发布基层变革工作指引，养成必要的变革文化。

基于以上内容，我们发现，要帮助现场人员完成角色转换，有三项工作要做。

第一，培训和辅导。培训和辅导的重点建议聚焦在精益思想和常用工具、公众表达、教练技术、项目管理、流程诊断等实用且急需的内容上。

第二，制度建设。无论是保障制度还是工作指引，都要求我们在基层构建一套制度，或者推广一系列做法，既能督促、激发现场人员参与精益变革的积极性，又能保障现场人员在第一时间享受到精益变革带来的好处。举个例子，如果某种库存管理方法是由A店铺的B现场人员在精益变革过程中摸索出来的，那么，企业一旦决定大面积推广该库存管理方法，就应该在A店铺B现场人员所在的工作区域优先试点。我们建立制度、发布指引，是想让这样的做法不仅仅出于"照顾情绪"，还应当在制度上有保障，成为一种强制性规范。

第三，文化养成。有人可能会觉得，基层只要给予方向就可以了，如果把精力花费在文化养成上，则很可能会得不偿失。而且做文化养成这样的工作，在短期内未必能看到效果。但是，大家有没有思考过，我们如此努力地推进精益变革，到最后在基层能留下什么？我想，除了人（精益人），就是人的习惯和想法——这就是精益精神。

第四，作为精益推动人员，我们在基层的精益实践中应当扮演什么样的角色呢？我们扮演的角色其实很简单：知识的输出者、制度的建设者、文化的养成者。如果要用一句话来概括，那么我们正是舞台的搭建者。只要能为基层的精益实践提供必要的保障，我们的工作就是有成就的。在这里分享这一点，是想帮助大家认清角色、摆正心态，更好地服务于精益变革。

四、这个模板很好用：教会大家用鱼骨图分析问题

再次提到鱼骨图，相信大家一点也不陌生，因为我们在第五章介绍QC小组的八个工作步骤时，已经分享过如何用鱼骨图进行现状分析。就像精益管理中的其他工具一样，鱼骨图因为简单易上手、逻辑性强，且在框架层面具有普适性，应用范围十分广泛。特别是在基层，鱼骨图不但非常受欢迎，也能很好地帮助现场管理者和现场人员解决很多问题。尤其当大家对流程诊断技术掌握得还不太好的时候，鱼骨图完全可以承担起流程诊断及工作诊断的重任。我们在本节中要和大家探讨的话题正是基层人员如何用鱼骨图分析问题。当然，鱼骨图也是基层人员专业化过程中必须掌握的一个工具。

在基层使用鱼骨图，一般来说分为如下三个步骤。

第一步，经营诊断。也就是用鱼骨图对基层单位的整体运营状况进行诊断。当我们想在基层单位里找到改善方向时，这一步是必不可少的。因为它是一个由整体到局部、由宏观到微观的过程，也是必须要有的过程。除了简单、好用，在该步骤中使用鱼骨图做诊断工具的好处还在于：① 分析维度相对全面；② 可以集思广益，让现场人员最大限度地参与其中。

鱼骨图是从"人、机、料、法、环"五个方面进行分析的，那么，当我们以它为工具时，就要从"人、机、料、法、环"五个维度对基层单位的运营状况进行诊断。人，自然是人员，包括现场主管、现场人员及与他们有关的一些事情。机，当然不是机器，而是整个经营过程，以S超市的门店为例，就是接待顾客、销售商品的过程。料，就是物料，包括基层单位日常经营中涉及的物料，以及与物料存储、使用、管理相关的事宜。法，就是规章制度，包括与基层单位日常经营有密切关系的官方制度和"民间做法"。环，当然是基层单位面临的经营环境，比如顾客的购物习惯、消费偏好、国家政策层面、行业规范层面能够影响到基层经营的规定等。

在实施诊断的过程中，建议使用头脑风暴的方式，坚持头脑风暴的发言规则。在讨论中，畅所欲言，不加干涉，不作评判，让基层人员尽可能多地把看到的问题说出来。此外，相比骨干人员的内部讨论，最大限度地把基层所有人员都邀请到讨论中来，更容易帮助我们找到问题的关键所在。举个例子，S超市有一家门店长期被一件事情困扰：存储位置接近地面一侧的大米和面粉总是会发霉，从而造成大量的商品损耗。为此，这家门店尝试过给地面铺设防潮垫、加装隔离板，还安排人对米、面进行定期检查，仍无济于事。问题到底出在了哪里？仓库管理人员头大，店长头更大，因为商品损耗的存在意味着该门店的经营成本居高不下。然而，令人意想不到的是，这个问题的解决充满了戏剧性。存储在仓库里的米、面又发霉了，店长再次临时抓人来更换防潮垫、隔离板，清理发霉的米、面。这回有一位卖电器的老员工不干了，他说："你们为什么总是反反复复做这些没用的事情呢？要是在我们老家，把米、面和花椒放在一起，就啥事也没有了！"把米、面和花椒放在一起就能防止发霉吗？店长和库管都有些拿不定主意。可是，事实胜于雄辩，当他们尝试这样做之后，困扰了他们好几年的老大难问题终于得到了彻底解决。原来问题的关键既不在于防潮垫和隔离板有没有定期更换，也不在于负责定期巡检的同事有没有尽到职责，而在于米、面的存储方法正不正确。

另外，我们还应当及时提醒现场主管，不要担心现场人员提的问题太多，暴露的短板过短。现场人员参与讨论的过程不是用来追责的，而是用来挖掘改善机会点的。只有广泛地提出问题，全面地寻找短板，才有可能为基层单位带来彻底的、颠覆性的变革。当然，如此一来，基层单位在精益变革过程中可做的事情将更多，参与的程度将更深。

总之，在经营诊断过程中，我们应该充分利用鱼骨图展开全面、全员的经营检讨，从而清晰地定位出经营短板——这也是第一步的核心产出。

第二步，问题深挖。该步骤是在经营诊断的基础上，对基层单位的经营短板进行更深入的问题挖掘和检讨。这一步可以继续使用鱼骨图，只是"人、机、料、法、环"五个维度对应的内容将更加具体。同时，参与问题挖掘的人员可以缩小到一定范围内，以与经营短板有关的现场人员为主，完成相关的检讨和反思。在该步骤中，人，仅限于与经营短板有关的现场人员，以及上下游环节人员；机，仅限于与经营短板有关的作业流程、操作步骤等；料，仅限于与经营短板有关的物料、材料、资料等；法，仅限于与经营短板有关的规章制度、操作指引；环，仅限于与经营短板有关的作业环境，包括作业场地空间，以及软性的国家政策层面、行业规范层面的条款等。这五个方面就好像一张筛子，只有全面筛查一遍，才能发现问题。另外，在该步骤中，我们虽然缩小了检讨范围，但是仍旧需要与经营短板有关的现场人员的广泛参与和深入检讨。该步骤的核心产出是经营短板形成的原因，尤其是深层次的原因，更应该挖掘出来。

第三步，改善方向讨论。该步骤是在问题深挖的基础上，探讨可行的改善方向。该步骤依然可以使用鱼骨图，并且还需要从"人、机、料、法、环"五个维度展开讨论。不同的是，五个维度对应的内容再次发生了变化，着眼点更不同。人，人员，可能的改善人员，也就是说我们遇到的某个问题由什么人来实施改善最合适。机，在该步骤中既可以是整个经营过程，也可以是具体的作业流程、操作步骤，而我们要讨论的则是在哪个层面上做出改善可以有效地解决问题。料，物料，改善活动可能需要的物料，也就是当我们确定要实施某项改善活动时，会需要什么样的物料。法，就是在规章制度层面有没有可改善的空间。环，包括两个方面，一个方面是作业环境有没有可优化的地方，另一个方面是经济政策、行业大环境方面有没有可以抓住的机遇，这些都是应该被讨论的改善机会点。当然，就讨论的参与人员和深入程度而言，第三步和前两步并没有本质的区别。另外，第三步如果要做得好，则还可以分成整体和局部两个层面分别展开讨论，对于讨论出来的改善方向也可以进行同类合并。总之，第三步的关键在于为基层单位明确可以具体实施改善的方向，甚至是改善活动、改善项目等。

  以上就是鱼骨图在基层单位里用于分析问题、寻找方向时的基本方法。事实上，无数企业的精益实践告诉我们，鱼骨图越用越上瘾。当基层单位真的把鱼骨图用起来的时候，就会惊喜地发现，鱼骨图几乎可以用于任何问题的分析。因此，为了帮助基层人员在精益变革中显得更专业、更精益，鱼骨图是我们必须教会大家使用的基础性工具。

五、"改善前"与"改善后"：把基层改善巡检表变成日常改善工具

  鱼骨图的作用在于帮助基层员工分析、思考问题，它的应用场景在前期相对多一些，基本上就在改善活动开展前的那段时间里。那么，在改善活动开展后，基层单位用什么工具比较合适呢？有没有可以完整覆盖基层改善中、后期且容易上手的工具呢？有，这个工具叫"基层改善巡检表"。这是第三章介绍的"基层改善案例收集表"的姊妹表格。

  基层工作一靠"做"，二靠"检"。做，指的是把手上的事情做好。检，指的是在基层人员完成工作后，需要有人去检查、检核工作成果。检的目的并不是防止员工偷懒，而是确保员工按照既定的目标推动工作，同时对工作成果的质量做出评价。此外，检还有不可替代的优势。例如，日常性的重复让它具有水滴石穿的能力，尤其在基层员工习惯的养成上具有很好的辅助作用。又如，检核内容的集中性、聚焦性让它应用起来主题突出、主次分明。检也是一种企业与员工的交互方式，这种交互方式简单明了、直奔主题，加上参与门槛非常低，涉及的领域十分广泛。因此，检在基层工作中的分量相当重，是企业提升基层工作质量的有效手段。我们要

第九章　推进（局部战场）——基层：推进现场管理专业化

在基层推进精益改善活动，也需要很好地利用"检"这种手段。

当我们决定在"检"这个环节中做一些工作时，很容易就注意到了那些随处可见的巡检表。这些表格均匀地分布在基层员工身边，存在于每项日常工作的关键节点处。我们要在基层推动全面的、彻底的精益改善，不就是要在员工身边、在这些关键节点处做一些事情吗？明确了开展工作的方向，下一步就是以什么样的方式来完成这项工作。这时候，当初为了给《S超市精益简报》收集素材而设计的"基层改善案例收集表"很快进入了我们的视线。

事实上，在我们决定以"基层改善案例收集表"为蓝本设计类似巡检表一类的表格之前，已经有不少门店把"基层改善案例收集表"当成改善活动的巡检表在使用了。大家的做法是，在开展了改善活动的工作区域内张贴一张"基层改善案例收集表"，以记录改善成果，同时提醒自己要以改善成果为起点，换一种新的方式开展工作。当然，"基层改善案例收集表"受限于当初的设计目的，更偏重于改善成果的呈现，也就是说，它是一种静态的、"死"的表格，而我们要服务于基层改善活动，需要的是动态的、"活"的表格。因此，要把"基层改善案例收集表"引入基层改善实践中，是需要对其进行优化和改进的。

既然"基层改善案例收集表"在基层员工中间很受欢迎，那么，我们在做改进工作时，首先，要做到的就是保持"原汁原味"，因此，改善前、改善后的图片对比还是要保留的。其次，要想让这张表"活"起来，"改善前"和"改善后"就不应该是静态的，而是可更新的。实现这个功能其实很简单，只要做到三点即可：① 图片可更新；② 改善人可更新；③ 改善日期和改善措施可更新。简单来说，就是与"改善前"和"改善后"相关的所有内容都是可以被有理由地替换更新的。最后，在"改善后"区域中预留空间，希望改善人能提出进一步优化的设想或者建议，哪怕天马行空也好，总之不能空白。图9-1为"基层改善巡检表"的基本样式。

虽然站在表格设计层面，这些优化和改进其实并不大，但是从基层改善实践需求来看，无疑为大家提供了一张简单、好用的表格。这张表格一经打印张贴，就可以在具体的工作场所内把与该场所有关的改善活动的成果呈现出来，还可以时刻提醒现场人员手上正在开展的工作还有提升空间。另外，基层单位在开展改善成果巡查时，也可以一目了然。实际上，在S超市里，有相当多的门店都定期组织人在所有工作区域内检查改善成果，这样也让这张被命名为"S超市基层改善巡检表"的表格有了巡检表本该有的模样。

S超市基层改善巡检表

改善前	改善后
现场拍照	现场拍照
改善人（可更新）：	改善人（可更新）：
改善日期（可更新）：	改善日期（可更新）：
改善措施（可更新）：	改善措施（可更新）：

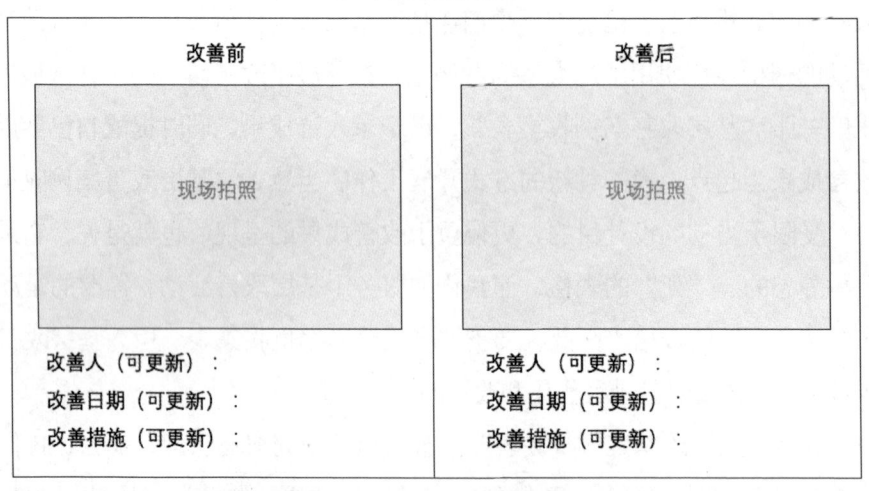

联系人（门店负责人或部门负责人）：＿＿＿＿＿＿ 联系方式：＿＿＿＿＿＿

图 9-1　"基层改善巡检表"的基本样式

就像我们建议大家在基层建立规章、形成制度保障一样，"基层改善巡检表"要想被用起来，并且用得很好，除了需要营造良好的精益变革氛围（文化），还需要发布配套的规章制度"先僵化、后优化、再固化"，最终形成一种工作习惯（变革习惯）。当然，还有一点尤其重要，那就是对员工的鼓励和激励。只有当我们定期对那些优秀的精益改善成果、精益

第九章 推进（局部战场）——基层：推进现场管理专业化

改善个人实施物质或者精神激励时，基层的改善活动才会被时时激活。

关于基层员工开展改善活动的内容，我的想法是这样的，供大家参考：基层员工严格按照我们希望的、明确指出的方向开展各项改善活动，当然是最好的状态。但是，当员工按照自己理解的方向去开展改善活动时，只要这些改善活动是有成效的、对企业的精益变革有利的，我们也应当多多鼓励。毕竟，在人数众多的基层里，相比于正确的改善方向，积极地开展改善活动更加重要。

我们推进现场管理专业化，就是想让基层人员在精益变革中发力。要让基层人员在精益变革中发力，就需要帮助基层人员明确分工，完成角色转变，掌握开展精益改善的实用工具，同时做好制度建设、文化建设，搭建好变革的舞台。

小故事：购物小票到底要多长

不知道大家在购物的时候有没有留意过，在不同超市里购买相同数量的商品，购物小票的长度其实是不一样的。之所以会出现这种情况，是因为每家超市的购物小票上呈现的信息差异很大。一般来讲，购物小票上除了商品名称、单价，还会包含商品单位、商品码、会员号、会员折扣、优惠价格、商品总价、支付方式，以及超市名称、超市位置、联系电话、退换货说明、宣传语等信息。这些信息真的都有必要吗？不管是店员还是顾客，估计很少有人考虑这个问题。但是，有一个客观情况，那就是购物小票上呈现的信息越多，购物小票将会越长，造成的打印纸张浪费也就越严重。我们鼓励基层人员开展精益改善，就是希望大家在这些细微处、在习以为常的地方发现浪费，识别效率低下的地方，从而做出改变。

第十章

持续推进：保持热度非常重要

相信大家在影视作品里一定看过古代工匠铸造宝剑的过程。如果大家仔细观察，就会发现有两个动作十分重要：一个是给铸剑的火炉不断地加温；另一个是在用来铸造宝剑的铸铁上反复敲击。这两个从始至终、重复又重复的动作有什么作用呢？不断地给铸炉加温，自然是为了让铸铁融化，成为一块可以被塑造的材料；而反复地在铸铁上敲击，则是为了完成对铸铁形体的塑造，也就是完成铸剑。不过，当我们进一步深究时，就会明白，其实最关键的动作只有一个，那就是不断地给铸炉加温，并且设法维持极高的温度。为什么呢？因为铸铁只有始终保持可以被塑造的温度，也就是在熔点之上，才有可能被铸造成宝剑。基于此，我们可以判断，全程保持高温才是铸剑的关键所在。在企业里推进精益变革也是如此，我们所有的努力不过是为了维持"变革的高温"。企业要想铸造出"精益之剑"，要想完成变革，关键之处并不在于我们如何努力地去拉动，而在于精益习惯的养成和变革成果的积淀。

一、让所有问题都能在现场得到解决：把三现变成管理习惯

三现，即现场、现物、现实（下文均简称为三现），是现场管理中必须把握的三个点。现场，就是工作一线，基层场所，正在开展生产经营活动的地方，也是在工作中发生问题、出现故障的地方。如果对现场这个概念做进一步延伸，那么它还可以是出现问题的流程、操作系统、在线平台等非物质层面的经营运作场景。在三现中，现场需要我们养成以现场为中心的管理习惯，遇到问题要做的第一件事情不是问怎么了，而是深入现场，现场了解事情的成因，现场开展工作，现场解决问题。

现物，可以理解为现场管理的对象，但是，能在三现这个大话题下出现的"现场管理对象"大多数是与生产经营故障有关的人和物品。不管怎么说，现物不仅是物品，还包括人。另外，现物的概念同样可以延伸至非物质层面。因此，现物还可以是某个流程的故障节点、操作系统的故障模块、在线平台的故障技能等。现物强调的有两点：一是现场管理必须有针对性；二是现场管理要做好，必须具备精准的识别能力——作为现场管理者必须能够快速识别出现故障的关键人员、关键物品（也包括非物质层面的物品）。当然，我们谈精准识别，所指的肯定是比较复杂的故障现场。一般来说，只要管理人员及时深入现场，很多问题都是很容易就可以看到"现物"的。

现实有三个层面的含义：① 现实情况；② 现有水平；③ 基本事实。什么是现实情况呢？就是客观存在。生产经营故障已经发生了，它的表现是怎样的呢？包括：出现在现场的物品，它们的状态是什么样的（是损毁了、残破了，还是只受到了轻微的破坏）；出现在现场的人员，他们有什么样的反应、态度、情绪等。当然，这些最好能有个"瞬间定格式的拍照"。什么是"瞬间定格式的拍照"呢？就是我们要在清理故障之前，设法把相关的信息、资料——表象层面的信息、资料记录下来并保存好。这些都是客观存在的，我们要解决现场问题，必须就事论事。现有水平可以理解为故障发生前后相关物品、人员的状况、能力水平等。之所以要关注这一点，一方面，是因为在分析故障成因时我们需要对"现场"和"现物"有精准的把握；另一方面，是因为我们清理故障的能力是建立在现有水平之上的。基本事实强调的是我们在处理现场故障时要尊重基本事实。无论是调查事情的成因，还是输出解决方案，我们都需要做到对事不对人，并且要将这种理念传达给现场人员。

以上就是对三现的基本理解。我们为什么要在本章开篇先聊三现呢？因为就像判断一个人的健康状况要先看他的气色一样，企业的精益变革能

第十章 持续推进：保持热度非常重要

推进到什么程度，也要从基层员工的工作习惯来看。在绝大多数非制造型企业里，直接面对客户的经常是基层员工。基层员工展现出来的工作效率才是企业最真实的工作效率。基于此，我们在企业里推进精益变革，很重要的一个目标就是推动基层员工工作习惯的转变。基层员工怎么才能养成良好的工作习惯，或者说工作习惯怎么才能越来越好呢？当然是从基层管理习惯的转变开始的。我们在开篇聊三现，就是希望企业在基层管理中能够以此为方向和导向，持续推动精益变革。除此之外，还是那句话，精益变革最终在基层能够保留多少，才是我们的真实成绩。

这里讲一个故事，据说国外某家零售企业濒临倒闭，董事会聘请第三方咨询公司调研了解到，该企业的主要问题是，门店遇到的问题总是没办法及时得到解决，从而导致顾客投诉不断，购物体验非常差。为了扭转颓势，董事会辞退了原来的CEO，重新聘请了一位熟悉零售业的CEO。新CEO上任后，只做了一项决定，就从源头上解决了该零售企业的老大难问题。其实，新CEO上任后也做了一项调研，发现该零售企业的办公环境相当好，特别是皮质办公椅非常舒适。于是，新CEO决定换掉现有的办公椅，全部换成那种塑料的，一看就不怎么结实的办公椅。据说此项决定一经落实，该零售企业的门店现状就发生了翻天覆地的变化，就连多年居高不下的顾客投诉都开始直线下降，购物体验更是一再提升。只是更换了办公椅，就有这么大的魔力？问题的关键其实在于管理者到底把多少时间和精力投入基层工作上。我们要推广和内化三现，除了要做好配套的培训和理念传播，更重要的是要设法加大管理者在基层工作上的投入度。也就是说，我们得想办法让管理者经常性地下基层，并且养成下基层的习惯。

引导管理者经常下基层的最佳做法莫过于建立定期巡检机制。定期巡检，顾名思义，就是周期性地开展工作巡查、检视。当然，这项工作放在零售企业里，我们更习惯称为定期巡店。简单理解就是定期组织管理者去门店看看。定期巡检的参与人员可以限定在某个职能线条内，也可以是跨职能的多部门的联合行动。定期巡检既可以围绕某个主题开展，比如购物体验如何升级、服务态度如何改进等，也可以是无确定主题的开放式活动。不过，无主题并不是说大家去现场逛逛就好，尽管是无主题的，我们也是需要参与人员发现问题的。不管有没有主题，一场巡检最怕的其实并不是有什么人参与其中，而是参与之后一无所获。因此，作为巡检活动的组织者，我们需要把着眼点尽可能放在巡检之后的收获上。

　　除此之外，定期巡检还有两点需要特别注意：第一点，对巡检活动的坚持。由于活动的参与对象大多数是"大忙人"，他们手上本来就有好多事情要处理，如果我们一味地"迁就"他们的时间，那么巡检活动要么会被频繁改期，要么会被无限延期，甚至会被直接搁浅。因此，对于巡检活动的查验格外重要。哪怕每次参与活动的人员都没有预计得那么齐整，我们都要在既定的时间把活动组织起来。只有"倔强"地坚持，才有可能养成管理习惯。第二点，巡检的目的是发现问题、改进工作，而不是批评基层员工，指出他们的不是。这一点需要我们和巡检参与人员在出发前就达成共识，并且在巡检过程中要反复地宣贯给大家。当然，如果我们的这种巡检活动本身就是多部门联合办公，打算在现场解决问题，那就另当别论。总之，定期巡检活动不是为了"定期训人"的，而是为了让管理者定期在现场解决问题的。

　　除了定期巡检机制，有些企业还在推广周期性的现场驻点办公。这种做法并不新鲜，就是组织管理者现场办公，现场解决问题。新鲜的地方在于，部分企业为了把"驻点办公"这件事情做实，开始尝试开展后台管理人员在基层的定期轮岗。也就是说，在某段时间内，后台管理人员需要进行角色切换，直接扮演现场管理者的角色。这么做的好处，除了让后台人员能够定期了解基层的经营现状，还可以真切、直观地面对基层的某些老大难问题，从而推动问题的解决。此外，如果后台管理人员在轮岗前已经有了解决基层问题的想法和既定计划，则也可以利用轮岗这段时间，充分利用手中的职权，很好地予以试点实践，尝试解决问题。

此外，还有一种方法可以相对"被动一点"地去定期解决现场的问题，那就是传说中的"总经理面对面"（其他管理者与基层员工面对面也是可以的）。在S超市里我们也开展过类似的活动。这种方法的好处在于可以直接打破惯例层级，为基层员工开辟一条绿色通道，方便大家周期性地直接向公司高层反映基层存在的问题；不太好的地方在于，基层人员直接面对高层，普遍存在紧张感，顾虑也很多，并不一定能很好地把基层存在的问题反映出来，反而会营造出某种"虚假繁荣"，导致公司高层做出错误的判断。

我在这里把这种方法也分享出来，主要是想提醒大家，无论如何我们都要想办法让管理者看到基层存在的问题，并且让所有问题都能在现场得到解决。管理者在基层投入足够多的时间和精力，养成在基层解决现场问题的习惯，才是精益变革的目的。

二、让所有工作都有1，2，3，4：标准化与防呆法其实很实用

细心的朋友也许会发现，让所有工作都有1，2，3，4已经以不同的表述方式在前文中出现过多次。关于让所有工作都有1，2，3，4的好处，我也零零散散地解释了好多回。为了帮助大家建立整体印象，我在这里再全面地分享一遍。首先，让所有工作都有1，2，3，4，想要表达的核心观点包括：① 任何事情（包括但不限于工作类事务）都可以标准化；② 标准化的基本作用在于把所有事情都变成可以复制、模仿、重演的一系列步骤；③ 标准化的目的在于提升办事效率；④ 1，2，3，4既可以是整个系统，

也可以是某个流程（包括整体流程和流程片段），还可以是简单的操作步骤。其次，我们探讨的标准化包括标准化梳理和流程优化等标准化改善手段。最后，让所有工作都有1，2，3，4的好处主要包括：① 提高价值流创造效率；② 消除信息流、物料流流动过程中的障碍；③ 减少工作中的"不一致性"，提升沟通效率；④ 降低生产、经营成本，为集约化、集团化生产运营打下良好的基础。

在让所有工作都有1，2，3，4的四个好处中，大家可能对减少工作中的"不一致性"不太熟悉，在这里特别解释一下。所谓的"不一致性"主要指的是认知上的偏差，以及由认知偏差引起的生产、经营过程中的标准不一致的现象。生活中有一个很常见的例子，那就是汽车的方向盘到底安装在驾驶室左侧还是右侧？从全球的交通实践来看，包括我国在内的绝大多数国家都把方向盘安装在驾驶室左侧。但是，仍有英国、日本、泰国、印度等少数国家把方向盘安装在驾驶室右侧。到底怎样才算好呢？其实，把方向盘安装在驾驶室左侧还是右侧并不影响车辆的性能，只是因为各国的交通状况不一样而已。说白了，只要我们在某个国家的领土范围内保持车辆方向盘安装位置一致就可以了。尽管如此，讨论方向盘到底应该安装在驾驶室左侧还是右侧还是很有必要的，因为这会影响并且制约一国的交通秩序和通行效率。也就是说，在一国范围内，我们必须依照自己的道路状况、生活习惯，就方向盘到底应该安装在什么位置达成共识，从而消除国民对于方向盘到底应该安装在驾驶室左侧还是右侧的困惑，促进相同驾驶习惯的养成，推动并且确立相同的车辆设计制造标准。我们要在工作中消除"不一致性"，就是要在企业中对常见的、高频次接触的事物形成相同的认识（最好能有统一的、官方的解释），对重复性的、同质性的工作都能形成一套通行的作业标准。

虽然企业推进标准化的具体过程千差万别，但是其遵循的基本脉络还是一致的，那就是：建立标准→执行标准→检核标准→改善标准。或者可以更直观地理解为：先得有标准，然后大家一起按标准做事，接着看看有没有谁不按标准做事（也包括按标准做事却没达到要求的），最后想想目前的标准怎么可以再往高拔一下。我们在S超市里推进标准化时，考虑到零售行业的标准化已经非常成熟了，最终采取的原则是：① 对于已经有标准的工作，考查标准执行情况，尽可能推进现有标准的更新升级；② 对于还没有标准的工作，协助相关人员完成标准的建立；③ 向公司全员宣贯所有标准都是可更新、可改善的，鼓励大家"挑战"标准，追求更高的工作要求。在目前的企业经营实践中，一点标准都没有的企业几乎没有，相信大家遇到的情形与我们当年遇到的情形基本相似。因此，建议大家在精益变革中对企业现有标准（包括还没有建立标准的工作领域）能够区别对待，先尽可能地分成几个类别，然后针对不同类别采取不同的标准化措施。

防呆法虽然自成体系，但是在我看来，它是标准化的有效补充——标准化基础上的降低错误率的自动干预机制。当然，很多人更愿意把防呆法和标准化合并起来谈。但是，我个人觉得，在制造型企业里把防呆法和标准化合并起来谈是合适的，而在非制造型企业里未必如此。因为非制造型企业的工作对象包括但不限于一台或者多台机器，我们工作中的关注点更多地集中在非物质层面，也可以简单理解为对人的管理上。让员工按照统一的标准，百分之百合格地做好手上的工作，才是我们关注的重点。为了实现这个管理目标，我们首先要大力推进标准化，然后采取干预措施，帮助员工提升工作质量。这就是我要把防呆法和标准化合并起来谈的基本逻辑。那么，什么是防呆法呢？它最早指的是一些工具，就是生产线上那些防止不合格品产生的装置。它们可以不依赖人的感官，直接对产品质量是否合格做出判断，然后自动将不合格品排除在外，或者把生产线停下来。防呆法在生产制造领域不仅起到了解放劳动力、降低作业危险的作用，而且在生产过程中降低了人为判断对产品质量的影响。

其实，不仅是制造业，在我们的日常生活中，防呆法的应用随处可见。如果大家细心观察，就会发现大多数洗手盆上沿内侧都有一个小孔，这个小孔是用来做什么的呢？当水满到一定程度，几乎要溢出来时，洗手盆中的水将通过这个小孔往内侧泄，这样就避免了水的外溢。如果我们再配套设置一个回流系统，那么溢出来的水不但不会浪费，还会重新回到供水系统中。"节约用水"是人们普遍倡导的生活理念，要想做到节约用水，除了要靠道德约束，还得靠"处处小心"。可是，在生活中，尽管我们已经"处处小心"了，可还会有一个疏忽忘记关水龙头的时候。这时候，洗手盆上的这项防呆设计就可以很好地帮助我们做到节约用水。除此之外，我们还会发现，咖啡机、吸尘机、绞肉机、搅拌器、空气炸锅都有在安全条件不达标时，即使通电也不会工作的设置。还有桌面边缘的无棱角设计、房门开口后的自动吸附（防撞墙）设计等都属于防呆法的应用。

以上分享的都是物质层面防呆法（防呆设计）的应用。

那么，在非物质层面，也就是经营层面，防呆法如何应用呢？先分享一个S超市的案例。某门店生鲜区的地面上经常会无缘无故地出现积水。本着"有水就是有问题"的原则，我们的QC小组行动起来。结果发现造成积水的原因相当复杂，既有冰鲜货架用于鱼类保鲜的冰块融化后渗漏出来的水，也有肉类切割售卖过程中清洗台下水系统不畅导致的废水外流，还有水果蔬菜理货过程中莫名其妙出现的积水……总之，从成因来看，要想彻底解决地面积水问题，必须对生鲜区各个作业模块逐一进行调研，然后重塑作业流程，或者要求员工在工作中严格遵守作业流程。事实上，我们的QC小组确实这样做了。在短期内，积水确实少了。不过，时间一长，积水再次增多。面对这样的情形，再重复与标准化相关的工作已经意义不大了。最后，大家经过讨论，只好让保洁员早、中、晚各增加一次对生鲜区的清理，不管地上有没有积水，都得进行清理。这个办法虽然有些笨，但是，从实际执行效果来看，却真的彻底解决了地面积水问题。当然，我们完全可以把它视为标准化基础上的防呆机制。

还有一个案例，就是审批节点的设置。当我们需要公司审批一些事情时，通常会发现，审批节点（需要参与审核的部门、参与审核的人）比我们想象的要多得多。为什么会出现这样的现象？那是因为在公司管理中，特别是在做决策时，也需要防呆设计。多部门的参与是为了避免单一部门只站在部门立场上看待问题，同时借助部门之间立场不同来相互制衡，从而催化最佳决策的产生。另外，部门也像人一样，都会有它的"视觉盲区"，企业让多部门参与审核，正是为了在审核或者决策过程中最大限度地消除"视觉盲区"。

也就是说，在经营层面，我们在标准化的基础上，至少有两项防呆设计可以考虑：① 在工作过程中，设置检查回顾（就像定期清理地面一样）环节；② 合理设置审核点，推动多部门联合决策。关于第二项防呆设计，我必须特别说明一下。我们探讨的多部门联合决策绝不是暗示大家不要主动担责，应该分摊责任，而是以催化最优决策为出发点，为大家提供了一个可供参考的方向。另外，流程的审核点、决策的参与单位并不是越多越好，而是要有一个合适的范围。总之，我想表达的是，在标准化的基础上还可以再想想办法。

三、让所有经验都流动起来：标准作业程序还可以用来沉淀组织经验

标准作业程序（standard operating procedure，SOP）是指将某件事情的标准操作步骤和要求以统一的格式描述出来，用于指导和规范日常的工作。说得更简单、直白一点，SOP就是用标准化的手段把一些好的做法、成功经验记录下来，然后教给更多的人。如果顺着前几节的逻辑——问题

要在现场解决，要想彻底解决问题，最好可以实现标准化（再加上防呆法这个双保险），那么，本节要探讨的就是如何把标准化的成果推广出去，以及为什么要这么做。

SOP显然也是在标准化基础上开展的工作。当然，我们也可以狭义地理解为SOP是在企业完成标准化之后开展的工作。它和防呆法的不同之处在于，防呆法是为了提高产出质量，SOP则是为了提升产出水平。SOP提升产出水平的工作原理有点像"老帮新"，即把"老同事"的成功经验传授给那些产出水平还很低的"新同事"，从而提升企业某一业务领域或者整体的产出水平。除此之外，SOP还有官方解释、最优解的意思。当我们把SOP看成企业在标准化基础上的经验推广时，那么我们推广的那些SOP（SOP说到底也是一些1，2，3，4，再加上配套的操作指引）一定是现有1，2，3，4中操作起来最简便、流畅，产出质量最高的。也就是说，SOP推广的1，2，3，4一定是官方最认可、最能解问题的那一类。特别是当企业想自上而下形成一套统一的作业标准时，这种官方推广的1，2，3，4更加重要。

SOP操作起来非常简单，依照我们在S超市里的实施经验，大致步骤如下：

（1）绘制流程图，明确关键控制点。具体如何操作详见前文相关章节，在这里只对流程图的"大小"予以简单说明。运用SOP的目的在于推广经验，因此，流程图到底要画多大，是全公司、某条职能线，还是某个生产经营环节，主要应该考虑经验推广、覆盖的范围。

（2）在关键控制点处选择最优操作步骤（最优1，2，3，4）。这个步骤要做得好，最好的办法就是集思广益，切忌闭门造车、领导拍板这种强势操作。

（3）用企业通行的SOP模板把最优操作步骤及每个步骤的操作要领（操作指引）写出来。对于企业通行的SOP模板并没有特殊要求，只要企业统一一个模板就好。此外，对于固定使用的SOP模板及SOP内容本身，应根据生产经营实践的变化，定期（一般以年为周期）做好版本更新。

（4）SOP试点和推广。在SOP编写完成后，最好的做法不是直接大面积摊开使用，而是先进行小范围试点，看看具体使用效果如何，再进行大面积推广。之所以在大面积推广之前要有一个试点的过程，主要是因为SOP要推广的那个1，2，3，4往往诞生于某个特定的工作场景（环境），不可避免地具有特殊性，甚至独特性。特定工作场景下诞生的"最优解"能不能在不同的工作场景下都可以被顺利操作？会不会存在异地应用成本？这些问题都需要实际试点才能得出结论。说白了，我们需要通过试点来优化和完善SOP的配套操作指引，并且这个步骤是绝对不能省略的。

此外，在发布SOP之前，还需要召开一场宣贯答疑会。在宣贯答疑会上，SOP的主责部门应当安排相关人员对拟发布的SOP进行全面讲解，并就SOP涉及的内容现场解答参会人员的疑惑和质询。对于一些涉及面广、推广周期长、推广难度大的SOP，主责部门还应组建SOP推广团队，负责SOP推广期间的指导、辅导、培训工作，以及解决SOP推广过程中遇到的各种问题。最差的情况，主责部门也应当明确一名或者多名同事作为对接人（或者称为窗口人员），在SOP推广过程中提供技术支持、答疑解惑等。简言之，在SOP推广过程中，主责部门需要视推广难度提供不同程度的售后服务。

最后，我想聊聊SOP对企业（组织）经验沉淀的作用。谈到企业的经验，特别是成功经验，很多人也许跟我一样，会不自觉地想起一句话——"海底捞你学不会"。这句话怎么理解呢？就是说即使你把海底捞引以为傲的东西全部照抄过来，也无法复制海底捞的成功。类似的话，通用电气集团前CEO杰克·韦尔奇也说过，他的原话是"你们知道了，但是我们做到了"。为什么有些成功经验，包括外部的成功经验和企业内部不同部门间的成功经验，我们明明看在眼里，羡慕在心里，却没办法复制？这就涉及经验的沉淀和内化问题。就像我们一直在强调的，推进精益变革一定要推到企业的角角落落，最好能和企业的现有标准融为一体，成为企业基因的一部分，沉淀成功经验也应当如此，不能流于形式、停留在表面，而要深入骨髓。如何深入骨髓呢？先把成功经验编写成可供操作的SOP，然后予以推广、内化就是可供选择的方法。

事实上，在推广由企业内、外部成功经验编写而成的SOP时，我们也完成了经验的属地化转换，弄清楚了如果这些成功经验要在我们所在的企业、所在的单位落地，应当会遇到什么样的困难、需要的落地成本有哪些，以及配套的应对方案、需要采取的措施有哪些。可以说，如果企业真的要把内、外部成功经验变成可沉淀、可继承、可内化的经验，那么SOP大有可为。

特别是在企业内部，在相互推广部门间的成功经验时，如果我们都能采取SOP的方法，那么绝对可以有效推动绝大多数成功经验的高速流动，从而不断提升企业的整体运营水平。

四、让所有标准都做好被打破的准备：请保持 SDCA 循环

关于SDCA循环在前面已经分享过了，在这里再次提出来，是想和大家分享一点：标准不是死的，不是一成不变的，而是可更新的、时刻面临挑战的。这个观点不仅来自我们在S超市里的精益变革实践，还来自精益变革本身的需要。道理其实很简单，任何标准都基于过往的经营实践，而经营实践本身一直都是变化的。说得夸张一点儿，在我们建立标准的同时，也许形成标准的经营环境已经发生了变化。就标准本身而言，它是需要被

持续更新,并且在动态中保持稳定(不变)的。回到精益变革本身,我们要变革什么?无非是打破现有的标准,建立新的、更合理的标准。也就是说,企业要完成精益变革,就需要更新标准。

理解了标准需要被不断打破、更新,我们再来看SDCA循环。S,标准化;D,执行标准;C,检核标准;A,改善(更新)标准。单一的SDCA过程并不能构成完整的循环,一个又一个"步步高升"的SDCA循环(或者称其为螺旋式上升)才是完整的循环(见图10-1)。每一个SDCA过程的起点,也就是"S",都是需要高于上一个SDCA过程的"S"的,这样才具有成长性。当然,我们也可以简单理解为,标准不断更新、升级的SDCA循环才是有效的循环。相应地,在新的、上升的SDCA过程中,D、C、A的难度也将水涨船高,越来越富有挑战性。

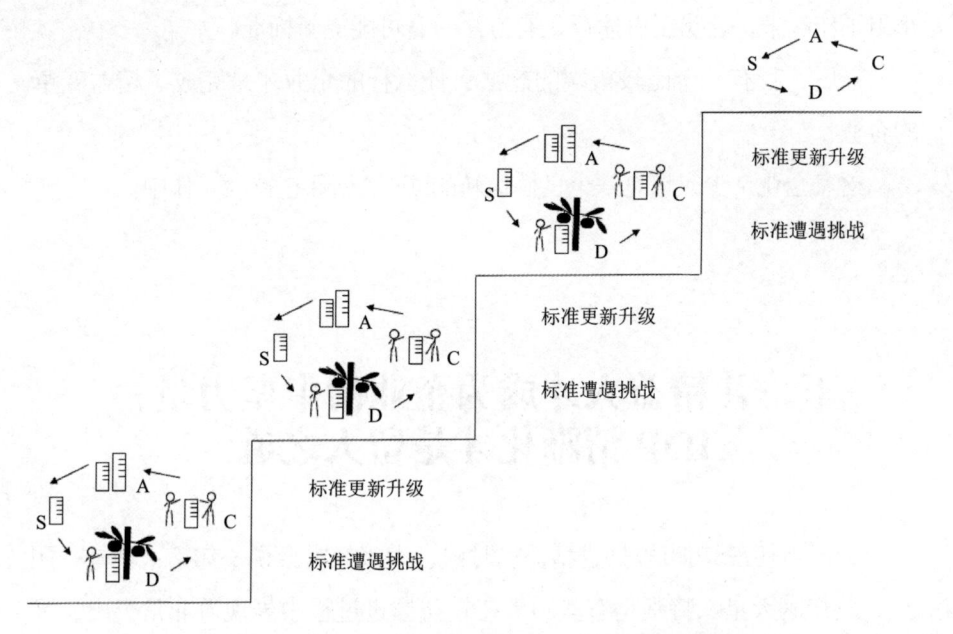

图 10-1 让企业保持精益的 SDCA 循环的基本模式

另外,精益本身就具有反常规特性。越是习以为常的东西,比如在工作中经常遇到的标准,越要鼓励员工去挑战它。因此,SDCA循环其实是可以作为精益精神的一部分融入精益企业的骨子里的。当然，我们鼓励员工去挑战标准，并不是怂恿员工不服从现有标准的约束，个个都去充当经营管理中的"刺头"。我们鼓励的"挑战"是，希望员工不要在日常工作中墨守成规，对寻常见的东西习以为常，要在敬畏标准的同时怀有一颗敢于发现标准与实践脱节的地方、敢于质疑标准的心。

　　除了文化宣贯手段，企业要想保持循环，还需要把精益建议机制建立起来，让QC小组工作起来（关于精益建议机制和QC小组在前面已经详细分享过了，在这里就不重复了）。这样员工才会在具有更新标准的想法时，有一条合适的、为官方认可的、良性的通道去践行、推动标准的持续更新。总之，企业要想保持SDCA循环，需要做好两件事情：① 通过文化宣贯手段告诉员工标准都是可以被打破的；② 建立精益建议机制，让QC小组工作起来，让员工有途径、有方法、有可能更新标准。

　　最后，我有一个比较极端的想法：什么样的企业才是完成了精益变革的企业？

　　这家企业至少应该有一个良性运转的SDCA循环在持续工作中。

五、让精益人才成为企业的中坚力量：IDP清晰化才是留人之道

　　记得当初在S超市里推进精益的时候，大家经常会说一句话：聚是一团火，散作满天星。特别是有些同事在精益推进过程中表现得非常突出，又非常精益，之后因为种种客观因素被迫退出的时候，大家都会相互拥抱着说这句话。当然，在某些场合下，面对某个要退出的精益人，就连我也忍不住流下眼泪。有人曾针对这种现象调侃道：铁打的精益管理，流水的精

益达人。而且据我所知，这种现象十分普遍，企业完成了精益变革（这样的企业算完成了精益变革吗），却没法留住精益人才。为什么会出现这样的现象？难道是我们的精益变革不彻底？其实，根本原因不在于精益变革本身（当然，也可以理解为人才养成机制变革不彻底），而在于我们在精益变革过程中没有配套设计有效的留才机制。

在探讨精益留才机制之前，我还是想让大家再一次思考，精益变革之后到底会在企业里留下什么？前面说过，企业文化、员工的工作习惯会在变革之后留下来，现在我想再加一项，那就是精益人才。无论企业是否有意识地在做这件事情，经过变革洗礼的精益人才总会留下来，哪怕我们不把他们称为精益人才，他们也会作为一种特殊的存在，在企业的某个角落里继续发挥精益的光和热。这样的人才对于一家企业而言显然是宝贵的。可是，在大多数情况下，精益人才在变革后面对的是"野蛮生长"——没有所谓的精益赛道，大家还是"尘归尘，土归土"，和同等级人才在之前同样的环境下无差别成长。

我们在本节中要探讨的正是精益人才如何告别"野蛮生长"，以及企业如何在精益变革的同时创建一条精益人才专属赛道。也许大家还记得我们分享过的一个案例，湖北某重型机械企业为了推进精益变革，决定实施一项重大的人才战略：每年100名，5年时间培养出500名精益绿带、50名精益黑带。这个案例虽然很好地呈现出精益人才专属赛道的基本样貌，但是在出发点和关注点上与我们在本节中要讨论的话题不同。湖北某重型机械企业的出发点是通过"人才稀释"策略，提升管理队伍中精益人才的比重，从而以"不换脑筋就换人"为指导原则，完成精益变革，关注点自然在现有管理队伍中精益人才的比重上。而我们探讨的精益变革过程中的精益留才机制，出发点显然是为了帮助企业留住精益人才，关注点则在于在精益变革过程中涌现出来的人才有没有很好地（或者大比例地）留在企业里。简单来说，湖北某重型机械企业的"人才稀释"策略是以企业为中心的，而我们的精益留才机制是以人才为中心的。

马斯洛将人类的需求分为五个层级，即生理需求、安全需求、归属需求、尊重需求、自我实现的需求。毋庸置疑，精益留才机制关注的绝对是人类最高层次需求的满足情况（实际上，当我们仔细思考时，就会意识到，企业构建精益留才机制，也在很大程度上满足了精益人才的归属需求和尊重需求）。在马斯洛的需求层次理论中，自我实现的需求被定义为人们追求实现自己的能力或者潜能，并使之完善化。顺着这个定义，我们会发现，人类要完成自我实现，首先有一股内驱力在里面，其次需要有明确的方向——知晓自己的潜能及完善的方向。基于这个发现，我们看到企业帮助人才明确（指出）发展方向其实是很有必要的。而企业帮助人才明确发展方向，正是我们通常所说的个人发展计划（individual development plan，IDP）。当然，从企业方面输出的IDP还有企业的承诺在里面——员工只要沿着这个方向努力，就可以获得相应的发展机会。我们要在企业里构建精益留才机制，最基本的要求正是帮助精益人才制订IDP。IDP除了帮助员工明确方向，更重要的还在于让员工看到希望。

IDP的制订和执行一般分为四个步骤。

第一步，人才测评。通过测评手段，了解人才的发展期待，以及个人的优势和短板。

第二步，制订发展计划。根据人才测评结果，结合企业的职业发展通路（包括管理线和专业线双通道设计、职级体系、任职要求等），以及个人发展意愿，帮助人才制订职业发展计划和配套的个人提升计划。

第三步，执行和辅导。落实职业发展计划和配套的个人提升计划，在员工个人提升过程中全程提供辅导和帮助。比较常见的辅导方式有高阶主管带教和轮岗两种。在这两种辅导方式中，待发展人才将拜现岗位或者轮岗岗位的高阶领导为师，接受一对一辅导。

第四步，复盘和优化。没有一成不变的计划，IDP更是如此。在IDP实施过程中，应当定期（一般以季度、半年或一年为周期）回顾计划的执行和人才的成长情况，并根据企业的经营情况和人才的发展现状，及时调整发展计划和培养计划。

以上四个步骤属于IDP制订和执行的通行做法，在S超市和其他企业里都是这么操作的。精益人才在IDP中并没有什么特殊的，特殊之处在于企业对这个人才群体的关注。

还有一点是我们在S超市精益变革中总结出来的非常宝贵的经验：企业为精益人才制订的IDP，一定要兑现。因为任何一项计划IDP执行起来都是漫长的，最少也需要三五年，企业一旦在IDP执行过程中缺乏耐心和韧性，那么对人才积极性的打击将是毁灭性的。许多令人惋惜的案例表明，与其半途而废，还不如不开始。当然，如果企业能和员工共同走过这段漫长的成长历程，那么精益的参天大树必将成林，精益人才一定会成为企业的中坚力量。

小故事：这就精益了

虽然精益变革是一个漫长的过程，但是作为具体的参与人员，大家不可避免地都会有一个不好意思说出口的期待：什么时候咱们就精益了？对于这个期待，大家通常既希望它早日实现，又害怕它遥遥无期。特别是当我去门店开展工作的时候，很多同事会直接问："鲁老师，您可是有好些日子没来了。您把我们店的现在和以前比比，看看我们到底精益了没有？"对于这个问题，我向来不会敷衍了事，我会跟同事讲：你们店里的货架更整齐了，收银排队的人更少了，地面看起来更整洁了，就连你们的笑容好像也更灿烂了……听到我这么说，同事当然有些纳闷：这是精益了，还是没精益？我会直接告诉大家：当然是精益了！同事听到我如此肯定的回答，大多会恍然大悟："啊，原来这就精益了！"其实，除了企业为精益变革制定的那些"硬性目标"全部达成，只要大家一天比一天变得更好，就是在精益。

第十一章

精益永远在路上

《史记·孔子世家》中记录了这样一则故事：孔子向一个叫师襄子的人学琴，学了十天都没有学习新的曲子。结果老师急了，催促他增加学习内容。孔子解释说："曲子我确实熟了，但是我没有熟练掌握演奏方法。"过了几天，老师说："你已经掌握演奏方法了，可以增加学习内容了。"孔子再次解释说："我还没有理解曲子的意境。"又过了几天，老师感觉火候差不多了，又来催促他学习新曲子。孔子给出的解释是："我还不了解作曲者。"老师一听，就不再催促他了。直到有一天，孔子表现得很不寻常，老师才和他聊了几句。孔子说："我知道作曲者是谁了。这人皮肤黝黑，身材修长，目光十分高远，像一个统治四方的王者。嗯，对了，这人怕是周文王吧。"师襄子一听这话，顿时震惊了，边作揖边说："老琴师传授给我这曲子时说过，这曲子就叫《文王操》！"真正的学无止境恐怕就像孔子学琴这样吧。彻底的精益变革恐怕也需要像孔子学琴一样，由表入里，层层渐进，直至企业的基因发生"突变"。

一、精益管理在零售连锁行业应用前景的思考

在探讨精益管理在零售连锁行业的应用前景之前，我们需要对零售连锁行业的未来做一番基本的设想。首先，零售业态在实体一端将会是"大型购物中心+社区店"的组合形式。大型购物中心主打交互和购物过程中的多元体验。社区店精耕客户，是建立在顾客深度经营基础上的"生活易耗品"购买（提货）场所。在卖场分布上，大型购物中心将以城市掌控为原则，点不在多，而在精。社区店则要充分发挥"量"的优势，尽可能完成对所有区域的覆盖，即最理想的状态是每个社区都有一家社区店。至于中间状态的零售业态将极少量留存，或者完全退出零售舞台。其次，非实体

交易渠道将更加多元，很可能打破"渠道"概念，在任何在线场景下都可以完成交易。总而言之，非实体交易将更加随机化、激情化。

基于对零售连锁行业未来发展趋势的设想，我们会发现，有三个方面将会是精益管理的重要应用方向：① 客户经营；② 服务能力；③ 供应能力。接下来，我们将围绕这三个方面进行一定程度的思考，希望能为零售连锁行业的朋友带来启发。

传统客户关系管理涉及的内容有四项，也是客户关系管理的四个阶段，即识别客户、差异分析、客户互动、拉动管理。其中，识别客户是指利用信息化手段对客户信息进行管理和应用；差异分析是指对客户的消费习惯、偏好、购买能力进行差异化分析，从而对客户展开分类管理，提供差异化服务等；客户互动是指与客户接触情况的管理，包括客户营销、售后服务、客诉处理等工作内容；拉动管理是指将客户关系管理延伸到产品、服务提供领域，基本上可以理解为根据客户的需求，有针对性地提供产品和服务，同时不断改善企业的经营系统。当我们回顾传统的客户关系管理时，会清晰地看到客户经营是涵盖其中的。我们之所以要在未来应用预测中把客户经营单列出来，主要是因为我们认为它将会成为客户关系管理的重点（客户关系管理的其他内容将围绕客户经营展开），也是精益管理发力的核心领域。

实施客户经营的前提是我们必须把客户当成一种资源，或者企业赖以生存的根本。所谓得客户者得天下。当营销信息触达渠道变得多元化、无界化，供货渠道变得同质化、共有化之后，零售企业势必会逐渐"减负"为一个平台（或者一套专有的VI系统），这时候我们最担心的其实是"没人愿意和我们玩"。讲得再残酷一点儿，如果一个主打零售的平台缺乏足够多的顾客参与，它就失去了存在的意义。因此，客户资源的占有能力将会是零售业在未来的核心竞争力之一。我们探讨精益管理如何在客户经营方面发力，终极目的正是帮助企业构建核心竞争力。客户经营至少包括两个方面的内容：① 客户获取；② 客户增值。客户获取就是获取客户资源，让更多的客户参与进来。未来零售业在客户获取方面要做的工作恐怕是不断拓宽客户获取渠道，并确保客户可以零门槛、源源不断地参与进来。因为随着购买行为的更加随机、随意，顾客忠诚将会成为一个遥不可及的概念。客户增值也不难理解，就是设法让参与进来的客户发生客单量、客单价双高消费行为。在未来的零售业中，无论是实体还是在线渠道，客户进店停驻的时间都将十分有限，如何把握好客户停驻的每分每秒将格外重要。

俗话说万变不离其宗。时代在变，零售连锁行业在发展，它的经营始终会以创造价值为目的。另外，随着流通效率的大幅提升，如何消除价值创造过程中的壁垒，将比以往任何时候都紧迫。因此，精益管理在未来零售连锁行业中最重要的应用必然是重塑价值创造过程，可能应用到的具体模块将涉及全面客户管理、流程优化、消除浪费等。

服务能力在这里并不是指狭义的、出现在商品购买全过程中的辅助销售、售后服务、购买增值等客户互动活动，而是广义的客户需求的满足程度。也就是说，在未来的零售连锁经营场景下，当客户与某零售公司发生交互时，该零售公司对客户消费需求的挖掘程度，以及相应的满足程度。之所以对服务能力这个概念进行了扩张性延展，主要是因为考虑到未来客户消费行为将会发生的重大改变，比如前面提到的随机性、随意性，以及对所有商家的忠诚度无差别等。随着服务能力概念的变化，精益管理的主要应用将会集中在现场管理领域。当然，随着精益实践的发展，对于"现场"这个概念的认识也会发生延展，比如虚拟现场、在线场景等。

供应能力主要强调的是对供应链资源的整合和精准化使用。虽然目前从部分企业的经营实践来看，自有供应链还是具有一定的优势，但是从长远来看，供应链外包始终是大势所趋。另外，我们在这里探讨的供应链并不单指运输商品的渠道，还包括商品供应渠道。简言之，我们要关注的话题是：把商品供应这件事情彻底外包出去之后，企业如何保障商品供应比以往还高效？企业要想最大限度地节约供货成本，实现对客户所需商品的即时精准配送，就必须对"拉动"这个精益理念有更深刻的理解。因此，对于"拉动"的探索和创新性实践也将会是精益管理在未来零售连锁行业中的应用方向之一，与之相关的准时制、看板管理、全面流动管理、节拍等经典的精益理念和技术都将面临颠覆和迭代。

二、关于精益人才培养的三点检讨

关于精益人才培养的话题，我们聊了又聊，在这里还是想再说道说道，主要是因为决胜精益变革靠的从来都是精益人才。没有像防风林一样成长起来的精益人才，企业再成功的精益变革都缺乏足够强大的根基。制度可以变更，但人的习惯、意识是可以形成肌肉记忆的，只有以人为本，才能把精益变革推进到最彻底的层面。

基于此，关于精益人才培养最后再聊聊，也算是对过往工作的一种检讨。

第一，精益人才不是一个笼统的概念。就像精益带级人才要划分为黄带、绿带、黑带一样，我们在精益人才培养中必须清醒地认识到我们的培养对象是要被区别对待的。说得更直接一点，在精益人才培养中，我们首先要思考的就是我们培养出来的人才要为哪个层级、哪个模块、哪个区域的工作服务。如果不具备以终为始的打算，那么我们的精益人才培养就真的成了数培训场次、计算培训覆盖情况的形式主义。包括构建精益赛道过程中的带教辅导，也不能脱离培养对象本岗和轮岗的本职工作，不能脱离企业的变革实践。说白了，不要为了精益而精益，而要为企业的变革服务。那么，精益人才在培养中如何区分呢？我想大致有这么几种分法：最基本的按照岗位层级，分为高层、中层、基层，或者以此为框架，进行更细致的划分；还可以按照业务模块，分为运营、市场、财务、人资等类别；当然，如果我们所在企业的员工年龄段覆盖比较完整，且年龄段区分度高，那么我们也可以尝试按年龄段培养精益人才。最不可取的人才类别划分方法其实是以精益带级为标准，因为这样的划分方法不但会缩小人才圈子，还很可能让精益人才培养和业务脱节，把精益人才培养变成专业人才培养。

第二，精益人才培养并不是专业人才培养。大家看到这个观点，也许会感到惊讶，会说精益人才难道不是专业人才吗？精益人才培养怎么就不是专业人才培养了？其实，我想和大家分享的正是这个认识误区，也是从S超市及其他企业的精益实践中总结出来的经验。不可否认，包括丰田、通用、三星在内，在精益管理实践史、发展史上，确实有过不少把精益人才当专业人才培养的案例。甚至截至目前，我们在评价一家企业是否精益时，也会把这家企业拥有或者培养出多少精益带级人才作为重要的衡量标准。可是，大家有没有想过，我们为什么要培养精益人才，以及精益人才真的必须是专业人才吗？当然，我们并不是否认精益带级人才培养的价值，否认大野耐一、今井正明、杰克·韦尔奇等精益先驱的丰功伟绩。我想表达的基本观点是：在精益人才培养中，我们不应把他们当作专业人才去培养，而应当作为现有管理能力（工作能力或者变革能力）的一种补充。也就是说，我们培养出来的精益人才都是用精益思想武装过大脑，用精益工具、技能武装过双手的精英人才、高质量干部，而不是专门用来进行精益管理的专业人员。考虑到在制造型企业中有质量管理部门、专职的QC组织，把精益人才当成专才培养还可以视为一种刚需。可是，在非制造型企业里如果还把精益人才当成专才培养，那就有点舍本逐末了。因为我们开展精益人才培养的目的只有一个：让更多的人参与到精益实践中来。本着这个目的，精益人才真的没必要是专业人才，他们最适合的角色还是企业各个领域的精英人才。

　　第三，配套机制建设在精益人才培养中非常重要。在讨论这个话题时，我们不能说企业在精益变革前、中期大都比较短视，只能说大家的关注点更多在变革成果的产出上。总之，相比提高变革效率和巩固胜利果实，企业在推动精益变革期间更看重成果本身。当然，出现这种情况主要跟精益变革推动人员、参与人员及企业本身承担的变革压力有关。任何人处于压力中，就好像置身于黑暗无光的隧道里一样，想要尽可能快地看到更多光明，几乎是一种本能。企业处于压力中也是如此。但是，人无远虑，必有近忧；不运筹于帷幄之中，哪有决胜千里之外？因此，虽然精益人才培养的配套机制建设从短期来看是一件"不打粮食"的事情，但是我们还是要尽可能地在精益推进前期完成应有的配套机制建设。配套机制对精益变革本身既意味着人才培养方面秩序的建立，也意味着人才培养这件事从一开始就拒绝了"野蛮生长"，转而选择了更高效的方式。同时，配套机制建设对于员工来说既意味着安全感、信赖感，也意味着马斯洛需求层次由第二层级直接跃升至第五层级——自我实现的需求。除此之外，企业"言必行，行必果"是配套机制落地的基本保障，切忌让配套机制成为"形式上的存在"。

三、推行精益管理必须有管理行为的变化

　　1947年，卡耐基·梅隆大学的计算机科学与心理学教授赫伯特·西蒙出版了《管理行为》一书。该书及以该书为起点的开创性研究还让西蒙教授在1978年获得了诺贝尔经济学奖。《管理行为》一书虽然以"管理行为"为题目，但它探讨的话题只有一个——决策。决策显然只是诸多管理

行为中的一种。不过，西蒙教授围绕决策这种管理行为进行了全面的框架性分析，包括组织结构、管理理论、影响决策的因素、管理中的理性、决策心理学、组织均衡、管理者角色、沟通、效率、忠诚与组织认同等内容。虽然我们不需要对决策这种行为进行深入研究，但是我们可以看出，单是决策这种管理行为，就涉及这么多方面。

实际上，任何管理行为，就其动机和诱因来说，大都是一个综合作用或者多方均衡的结果。一般来讲，参与到综合作用中的因素至少包括以下四个方面：

（1）管理者个人履历，包括职业履历、生活经历、受教育程度等。

（2）管理者所处的职业环境，包括企业文化、工作氛围、规章制度、所处岗位、决策成本等。

（3）信息掌握程度，包括资料和数据占有情况、沟通充分程度等。

（4）管理者个人因素，包括个人偏好、认知能力、潜在的自我实现动机、情绪、心理状态等。

我们谈管理行为变化，实际上是希望管理者在接受了精益思想的洗礼，掌握了精益工具、技能后，能在以上四个方面之外再增加一个方面：管理者精益程度。更进一步讲，我们希望管理者在经历了精益变革后，日常管理行为能受到"精益管理"的影响，变得和以前不一样。

另外，之所以把管理者精益程度单列出来，而不作为职业履历的一部分，主要是因为管理者精益程度对另外四个方面有广泛的影响。例如，管理者精益程度高，熟练应用的精益工具相对较多，信息获取和沟通能力随之变强，自然会影响到信息掌握程度。

弄清楚了管理行为变化在精益变革中的定义，我们再来看看管理行为变化对于精益变革的价值。我在前面已经多次点出，精益管理对于企业是一场系统性的变革，对于员工（包括管理者）则是新的习惯的养成。那么，我们怎么判断员工是否养成了新的习惯呢？我想管理行为的变化至少是一个很直观的判断标准。聊到这里，大家可能会问：什么是管理行为？为什么在连管理行为都没弄清楚的情况下，要先谈管理行为的变化？其实，就像西蒙教授在《管理行为》一书中探讨的主题一样，狭义的管理行为可以理解为企业经营中的决策行为。也就是说，只要是在需要管理者做出决定的场景下发生的行为都是管理行为。而广义的管理行为则可以涵盖管理者在经营活动中的所有行为。这正是我们不在一开始就探讨什么是管理行为的原因，因为往大了讲，管理行为在企业经营中随处可见，是日常经营行为的总概括。

那么，新的问题来了：变化在哪里？或者说，我们怎么才能看到管理者行为的变化呢？只是揣测他们的行为动机中是不是有精益因素恐怕不行吧。

事实上，在这件事情上还是有一把尺子的，那就是效率的提升。就精益管理来讲，效率的提升除了要求工作成果质量更好、交付周期更短，还要求在保障前两者的前提下有更少的资源投入。只要用这三点去衡量管理者的行为，然后做一番"变革前"和"变革后"的对比，就能看出管理者的行为是否有变化，以及变化了多少。而企业要做的就是在变革过程中，直至变革结束后，持续性地用这把尺子去衡量管理者的日常经营行为。

四、精益管理没有终点

大家对SDCA循环有了了解后就会发现，单从标准不断更新迭代这一点来说，精益管理就是一个永无终点的持续历程。不过，我们在这里谈精益管理没有终点，是希望大家跳出工作，在生活中、在人生中、在更广阔的视野中去践行精益思想。如果把精益管理在企业中的应用视为一种纵深推进，那么，我们在本节中要聊的是如何让精益横向延展的话题。

还记得我们在分享onepage时聊到的侘寂吗？从某种程度上讲，精益思想及其蕴藏的审美偏好早就融入日本人的生活之中。还有将现代设计推向巅峰的包豪斯主义。不知道大家有没有留意过，less is more正是随着包豪斯主义的流行才为人们所熟知的。什么是包豪斯主义呢？它首先是对东、西方传统设计理念中的繁复绮丽的背叛，注重的是功能和实用，在对美的表达上只有"简约清爽"四个字。只要稍稍环顾四周，大家很快就会发现，我们生活中的绝大多数物品都闪烁着包豪斯主义的光泽。包豪斯主义除了Less is more，还有两个设计理念：功能至上、技术与艺术的统一。"功能至上"好理解，"技术与艺术的统一"强调的是什么呢？普遍的解释是：它是一种客观的、功能的、机器的美学象征，意味着标准化、经济性。由此看来，包豪斯主义也很精益。如果审美偏好意味着对生活的追求，那么，我们首先要做的就是在生活中追求那些"更精益"的东西或者事情。

审美显然是一个形而上的话题，我们再聊一个更具实操性的。对于山下英子女士创作于2009年的《断舍离》一书大家应该不陌生。《断舍离》一书想要传达的是一种幸福的生活理念："断"，断绝想买回家但实际上并不需要的东西；"舍"，舍弃家里那些泛滥的破烂；"离"，脱离对物品的执念，处在游刃有余的自在空间。如果用一句话概括，那就是：丢掉那些没用的，留下那些真正有用的东西。为了让读者更好地理解"断舍离"，山下英子还根据个人心得分享了一些收纳、整理经验，比如，如何从衣柜开始来一场革命；如何把目光放在现在，对家里的各种物品来个大清理；如何将大中小三分法用到整理收纳上……受到"断舍离"影响，整理收纳逐渐成为一种职业。2017年5月21日，第一届中国整理师大会在上海召开，整理收纳师已然在国内流行开来。实际上，"断舍离"和整理收纳涉及的理念和实操技能在我们的5S、现场管理、标准化领域都有从理论到实践的充分探索。如果我们主动把精益理念应用到生活中，那么这个"次元壁"其实是很容易被打破的，问题的关键在于我们是否想用精益思想改造我们的生活。

最后，我再分享一个好玩的例子。当初在S超市里学习流程优化时，有一位同事突然灵感爆发，宣称要把自己每天起床后都干过哪些事情一一记录下来，绘制成一张完整的"××君一日流程图"；然后仔细看看这张流程图上有哪些浪费，有哪些是一天之中的关键点必须认真对待，并且认真考虑一下一天之中都有哪些信息和物料在流动，都有哪些价值被创造出来；最终用流程优化的手段消除浪费，加速信息和物料的流动，创造更多的价值。听到这位同事的想法，大家都笑了，因为我们都很清楚，人不是机器，人活着的每分每秒也并不需要全部用来创造价值。不过，如果我们把用精益思想对"××君一日流程图"的不断改善作为一种生活理念和追求，相信我们的人生一定是清醒而高效的。

总之，精益管理没有终点，需要我们用毕生的时间去践行！

读者意见反馈表

亲爱的读者：

感谢您对中国铁道出版社有限公司的支持，您的建议是我们不断改进工作的信息来源，您的需求是我们不断开拓创新的基础。为了更好地服务读者，出版更多的精品图书，希望您能在百忙之中抽出时间填写这份意见反馈表发给我们。随书纸制表格请在填好后剪下寄到：北京市西城区右安门西街8号中国铁道出版社有限公司大众出版中心经济编辑部 张明 收（邮编：100054）。此外，读者也可以直接通过电子邮件把意见反馈给我们，E-mail地址为：513716082@qq.com。我们将选出意见中肯的热心读者，赠送本社的其他图书作为奖励。同时，我们将充分考虑您的意见和建议，并尽可能地给您满意的答复。谢谢！

所购书名： _____
个人资料：
姓名：_____ 性别：_____ 年龄：_____ 文化程度：_____
职业：_____ 电话：_____ E-mail：_____
通信地址：_____ 邮编：_____

您是如何得知本书的：
□书店宣传 □网络宣传 □展会促销 □出版社图书目录 □老师指定 □杂志、报纸等的介绍 □别人推荐
□其他（请指明）_____

您从何处得到本书的：
□书店 □邮购 □商场、超市等卖场 □图书销售的网站 □培训学校 □其他

影响您购买本书的因素（可多选）：
□内容实用 □价格合理 □装帧设计精美 □优惠促销 □书评广告 □出版社知名度
□作者名气 □工作、生活和学习的需要 □其他

您对本书封面设计的满意程度：
□很满意 □比较满意 □一般 □不满意 □改进建议

您对本书的总体满意程度：
从文字的角度 □很满意 □比较满意 □一般 □不满意
从技术的角度 □很满意 □比较满意 □一般 □不满意

您希望书中图的比例是多少：
□少量的图片辅以大量的文字 □图文比例相当 □大量的图片辅以少量的文字

您希望本书的定价是多少：

本书最令您满意的是：
1.
2.

您在使用本书时遇到哪些困难：
1.
2.

您希望本书在哪些方面进行改进：
1.
2.

您需要购买哪些方面的图书？对我社现有图书有什么好的建议？

您更喜欢阅读哪些类型和层次的经管类书籍（可多选）？
□入门类 □精通类 □综合类 □问答类 □图解类 □查询手册类

您的其他要求：